社会科学からみる

桜井愛子／平体由美 ＝編著

REACHING
THE SUSTAINABLE
DEVELOPMENT GOALS:
PERSPECTIVES
FROM THE SOCIAL SCIENCES

第2版

SDGs

小鳥遊書房

目次

【凡例】

・各章の読書案内の文献は、参考・引用文献も兼ねる。

第2版　はじめに

桜井愛子・平体由美

　「SDGs は危機に瀕している」。2023 年は、2015 年に採択された「我々の世界を変革する：持続可能な開発のための 2030 アジェンダ」に示された SDGs（持続可能な開発目標：Sustainable Development Goals、以下 SDGs）の中間年にあたる。その折り返し地点での、アントニオ・グテーレス国連事務総長の発言である。SDGs とは、世界的な格差の拡大、気候変動の危機的状況などにより持続可能ではなくなってしまった現代の社会を変革し、人間と地球の繁栄のための目標である（【図表1】）。その社会の変革を促すはずの SDGs が、新型コロナウィルス感染症の世界的パンデミック、ウクライナやイスラエルをはじめとする世界各地での紛争の増加や世界の分断、物価上昇による生活コストの増大、自然災害の増加などにより大きく軌道から外れてしまった。こうした事態に対して、国連は SDGs「救済計画」を発表し、SDGs の取り組みが「なかったこと」にならないよう必死の呼びかけを行なっている。

　日本での SDGs への反応はどうだろうか。電車の車体に、ネット広告に、商品や企業レポートに、学校の授業でも SDGs が取り上げられ、ちまたには SDGs は飽和状態になったように見える。政治家や企業、自治体等の関係者が SDGs の目標を示す 17 色をあしらった SDGs バッジを胸につけ、SDGs の推進をアピールしている一方で、「SDGs マウンティング」や「SDGs 疲れ」という言葉までが流通する時代となった。持続可能な世界を目指すはずのグローバルな取り組みが、消費しつく

され飽きられていることすら危惧される。

　ある民間財団の国際比較調査によると、日本では SDGs を認知する者は 80 ％を超え、世界的に見ても極めて高いことが示された。その一方、SDGs を他人に説明できるほど理解していたり、達成へ向けた行動を進めている人は極めて少なく、その割合は調査国中最低であることが明らかになった。つまり、SDGs という単語は知っていても、その具体的内容や目指すゴールの理解までに至っていないということである。

【図表 1】持続可能な開発目標

目標	分類	内容
目標 1	社会	あらゆる場所のあらゆる形態の貧困を終わらせる
目標 2	社会	飢餓を終わらせ、食料安全保障及び栄養改善を実現し、持続可能な農業を促進する
目標 3	社会	あらゆる年齢のすべての人々の健康的な生活を確保し、福祉を促進する
目標 4	社会	すべての人々への包摂的かつ公正な質の高い教育を提供し、生涯学習の機会を促進する
目標 5	社会	ジェンダー平等を達成し、すべての女性及び女児のエンパワーメントを行う
目標 6	環境	すべての人々の水と衛生の利用可能性と持続可能な管理を確保する
目標 7	社会	すべての人々の、安価かつ信頼できる持続可能な近代的エネルギーへのアクセスを確保する
目標 8	経済	包摂的かつ持続可能な経済成長及びすべての人々の完全かつ生産的な雇用と働きがいのある人間らしい雇用（ディーセント・ワーク）を促進する
目標 9	経済	強靱（レジリエント）なインフラ構築、包摂的かつ持続可能な産業化の促進及びイノベーションの推進を図る

目標10	経済	各国内及び各国間の不平等を是正する
目標11	社会	包摂的で安全かつ強靱（レジリエント）で持続可能な都市及び人間居住を実現する
目標12	経済	持続可能な生産消費形態を確保する
目標13	環境	気候変動及びその影響を軽減するための緊急対策を講じる
目標14	環境	持続可能な開発のために海洋・海洋資源を保全し、持続可能な形で利用する
目標15	環境	陸域生態系の保護、回復、持続可能な利用の推進、持続可能な森林の経営、砂漠化への対処、ならびに土地の劣化の阻止・回復及び生物多様性の損失を阻止する
目標16	社会	持続可能な開発のための平和で包摂的な社会を促進し、すべての人々に司法へのアクセスを提供し、あらゆるレベルにおいて効果的で説明責任のある包摂的な制度を構築する
目標17	すべて	持続可能な開発のための実施手段を強化し、グローバル・パートナーシップを活性化する

出典：外務省（2015）「我々の世界を変革する：持続可能な開発のための2030アジェンダ（仮訳）」をもとに作成
註）表中の分類は、SDGsのウェディングケーキモデルに基づく

　SDGsとは、プラスチックゴミ削減に向けたプラスチック製品の使用を減らす試みや、いわゆる途上国での貧困や飢餓を減らすための国際協力に留まるものではない。次の世代に続く持続可能な開発を皆で支えあうために、具体的な目標をたて、2030年までにそれらの目標を達成できるよう全世界で努力し、人類と地球の未来のために社会を変革しようというものである。ここでいう「開発」とは、いわゆる途上国に限られたものではない。国の発展段階や所得水準にかかわらず、いまの生活や社会をより良くするための発展に向けた努力であり、世界共通の課題である。これらの目標実現は国際機関や各国政府だけに課されたものではない。「2030アジェンダ」は、企業や地方自治体、

【図表2】 ウェディングケーキモデル

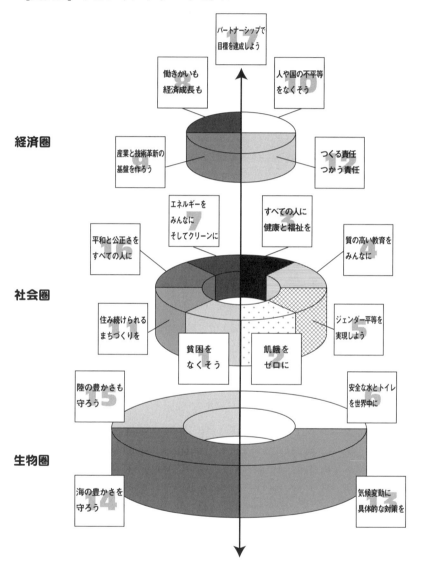

経済圏

社会圏

生物圏

市民社会、消費者等すべての人々がユニバーサルな視点をもって取組むことを求めている。その根底には、誰かを抑圧することによって利益を得るのではなく、「誰一人取り残さない (No one is left behind)」という精神がある。

　SDGs は、「持続可能な社会」を実現することを展望して設定された目標群である。持続可能な社会は、ストックホルム・レジリエンス・センターによる「ウェディングケーキモデル」に構造的に示されているように、経済、社会、地球環境を調和させることによって実現する（【図表2】）。ウェディングケーキの土台には「環境」、すなわち水資源管理（目標6）、気候変動への対策（目標13）、海の資源保全（目標14）、陸の資源保全（目標15）が位置づけられている。そしてケーキの中央部には「社会」的な課題である貧困撲滅（目標1）、飢餓の解決（目標2）、健康・福祉（目標3）、教育（目標4）、ジェンダー平等（目標5）、エネルギー（目標7）、まちづくり（目標11）、平和と公正（目標16）がおかれ、下段の環境と上段の経済をつないでいる。上の層には「経済」に関する目標、すなわち働きがいと経済成長（目標8）、産業と技術革新（目標9）、不平等の是正（目標10）、つくる責任・使う責任（目標12）が配置される。ウェディングケーキの頂点には、新郎新婦の代わりに目標17のパートナーシップがおかれ、「経済」、「社会」、「環境」の三つの層を貫いている。この SDGs のウェディングケーキモデルからは、パートナーシップを通じて全世界が17の地球規模の課題に協力して取組み、すべてを改善の方向に動かすことにより課題解決を進め持続可能な社会を実現していこうとする構造が見えてくる。

　持続可能な社会とは、私たちの世代の欲求やニーズを満たしつつ、次の世代である子どもたちや、さらにその先の世代も同様の欲求やニーズを満たすことができる社会のことなのである。そのためには、これまでのような形での経済成長ではなく、地球資源の適切な管理と環境保護に配慮した経済成長へ転換することが求められよう。また、

富裕層だけが成長の果実を享受するのではなく、すべての人々がそれらを得られるように社会構造を転換しなければならない。さらに、グローバル化のもとで拡大した国や人々の間の格差を是正し、「公正」な社会を実現する。移民や難民、障がいをもつ人などを含むすべての人々が包摂される。「誰一人取り残さない」社会の実現を目指すことが、持続可能な社会につながる。

　しかし、2023年の国連による「持続可能な開発目標（SDGs）報告2023：特別版」によれば、世界的パンデミックの影響によって、これまで30年間、着実に前進していた極度の貧困の削減が止まるとともに、極度の貧困下で暮らす人々の数が増加に転じてしまった。また食料不安が増大し飢餓が深刻化している。世界の気温は、産業革命以前の水準と比べてすでに1.1℃上昇しており、2035年までに重大な転換点である1.5℃に到達するか、それを超えてしまう可能性もある。そして、現在の深刻な危機的な状況の影響を最も深刻に受けているのは、世界で最も貧しく最も脆弱な立場におかれた人々である。

　SDGsが経済を停滞させるという批判もある。たしかに環境保護や生活可能な賃金を考慮しては、これまでのような形の経済活動は成り立たなくなるかもしれない。しかし現在の経済活動・人間活動がもたらす地球環境への影響は、すでに持続可能な範囲、いわゆるプラネタリーバウンダリー（コラム2参照）を大きく超えつつある。人類の未来が脅かされており、これまでにない経済成長のあり方を求めて、世界的な構造変革がもはや不可避である。人類は、これまでに印刷革命、産業革命、そしてIT革命に見られるように、構造変革にその都度対応し、新しいビジネスチャンスを生み出してきた。しかし、2020年代に入ってからの複合的な危機により、SDGsに後押しされた変革の流れが停滞してしまっている。

　SDGsは世界各国の言語に翻訳されて取り組まれる、世界的な目標である。SDGsの達成状況は、国連や第三者機関により毎年、国別に

モニタリングされ報告書として公開されている。これら報告書を通じて、世界全体、地域別、国別にSDGsの取組・進捗状況を把握することができ、かつ日本と世界を対比し国際社会における日本の位置づけを俯瞰することもできる、いわば世界共通の指標にもなっている。

　2023年の報告書によれば、日本のSDGsの達成状況は世界第21位で、2021年の18位から後退している。達成されているとされているのは、目標4（教育）と目標9（産業・技術革新）である。逆に取組が遅れていると指摘されたのは、目標5（ジェンダー平等）、目標10（不平等をなくす）、目標12（つくる責任つかう責任）、目標13（気候変動対策）、目標14（海の豊かさ）・目標15（陸の豊かさ）である。なかでも目標5については、女性国会議員の数、男女の賃金格差、家事・子育てなどの無賃労働時間の男女差が大きく改善が求められている。このように日本国内における課題が明らかにされ、中央政府、自治体、企業、市民社会、消費者等がそれぞれの立場から改善に取り組むことが求められている。SDGsの目標は地球規模の課題であるため、日本国内の課題が解決することだけでは「持続可能な社会」は実現できない。17の各目標の下には、ターゲットがリストされているだけでなく、目標達成に向け国際協力を進めるための実施手段もあわせて掲げられている。自らが目標を達成するだけでなく、世界全体が目標を達成できるよう、経済大国である日本が果たす責務も示されているのである。ところが、日本の経済力も低下しつつあり、国際的な地位も揺らぎを見せている。国際通貨基金（IMF）の予測によると、2023年のドルベースの名目GDP（国内総生産）はこれまで世界第3位から第4位になる見通しである。

　このような状況で、私たちは今、何をすべきなのか。経済力の後退を口実にSDGsの取り組みを後回しにしてしまって良いのだろうか。日本が達成しているとされた目標——教育、産業——は、SDGsが立ち上がった2015年以前にすでにある程度実現していたものである。

未達成の目標はどれだけ改善に向かっているのか。取り組みが遅れているものはどれで、その理由はなぜか。達成しているとされた目標のうち、世界の誰かの犠牲のうえで実現したにもかかわらずそれに気づいていないものはないのか。そして社会に岩盤のように立ちはだかる「あたりまえ」が、これらの努力や気づきを阻害してはいないか。

現在の社会が持続可能でないことは、明らかである。そこから目を背けることなく、SDGs の危機を変革への機会とするために、私たちは改めて SDGs が示す諸課題の本質的な課題に目を向ける時に来ているのではないか。それは政治家や企業だけが牽引するのではなく、社会を構成する私たち一人ひとりが主体的に、そしてクリエイティブに、岩盤を掘り崩すことも含めて見直すべき課題でもある。

本書のねらい

本書は SDGs の諸目標について、具体的な事例を取り上げ、社会科学的な視点から分析と検討を行うものである。これまで述べたように、SDGs はいわゆる途上国の貧困や飢餓の削減だけでなく、プラスチックの使用を減らすだけの取組でもない。先にウェディングケーキモデルで示したように、環境、社会、経済のすべては何らかの形で連関している。その連関は、ローカルなものに留まらない、世界規模のネットワークのなかで動いている。SDGs とは、それを認識したうえですべての人々ができることを実践し、適切な行動を選択する、主体的かつ公共的な取組である。政治学、経済学、社会学、歴史学、国際協力論、国際関係論などは、ものごとの連関を認識し、選択と実践につなげるための「物差し」を提供する。本書は読者がその「物差し」を自分なりに作りあげるための手がかりを提供するために編集されたものである。

SDGs のなかでは世界的に教育が重視されている。日本ではすでに達成されていると認識されているが、その内実については再検討が必

要と思われる。目標 4、ターゲット 4.7 に「2030 年までに、持続可能な開発のための教育および持続可能なライフスタイル、人権、男女の平等、平和および非暴力的文化の推進、グローバル・シティズンシップ、文化多様性と文化の持続可能な開発への貢献の教育を通して、すべての学習者が、持続可能な開発を促進するために必要な知識および技能を習得できるようにする」とある。これはすなわち、地球上で起きている様々な問題を、遠い世界で起きていることではなく、自分の生活にネットワーク的に関係していることと理解し、身近なところから行動を始め、学びを実生活や社会の変容へとつなげていけるような人間を育てていくことを目指しているのである。「グローバル・シティズンシップ」とは、このような「世界をより良くしようとする志」を抱き、地域社会と国際社会のつながりを認識しながら、同じコミュニティで生活する人々の多様性を尊重していく「市民」のことを指す。日本社会はこれを実現していると言えるだろうか。SDGs を社会科学的に検討することは、日本社会のこれからと、国際社会とつながる地域社会における自己の役割を考え、持続可能な社会の実現に向けた「グローバル・シティズンシップ」の深化のために重要である。本書はそのための示唆を与えるものである。

本書の構成

　本書は大きく 3 部で構成される。第 1 章から第 5 章では、ウェディングケーキモデルの「環境」と「経済」を橋渡しし充実させる「社会」を扱う。第 1 章は外国にルーツをもつ子どもの教育、第 2 章は日本におけるジェンダー格差とその問題性、第 3 章は健康の実現に向けての歴史と国際協力、第 4 章は自然災害に対する防災と復興に関わる知の国際協力、第 5 章は働きがいのあるディーセント・ワークについて、専門的な視点から解説する。

　第 6 章から第 9 章では「経済」と「環境」について検討する。第 6

章では経済のみならず社会構造上の問題としての貧困、第 7 章はアフリカに焦点をあてた貧困削減の努力、第 8 章は経済と環境の両立、第 9 章はコーヒーから見たサステナビリティを考える。

　第 10 章から第 12 章は、持続可能な社会の前提条件について社会科学の視点から検討する。第 10 章は報道の自由を題材に「基本的自由の保障」の意味を、第 11 章は「民主主義」とグローバル・シティズンシップを、第 12 章は地球環境問題の流れと国連における交渉の内実を明らかにする。

　第 1 章から第 9 章については、冒頭に、その章に直接関連する SDGs の目標を白で、間接的に関わっているものをグレーで示した。第 10 章から第 12 章 SDGs の目標全体を包括するため、特定の目標を示さない。また、コラムでは本書に関連した具体的な活動を、実際に現場でご活躍されている執筆者に紹介していただく。

　すべてはつながっている。どこから読み進めても、最終的には全体が連関して SDGs の本質が浮かび上がってくるはずである。本書が SDGs への理解を深め、持続可能な日本社会、地域社会、国際社会の実現に向けた方策を検討するための一助となれば幸いである。

第1章

外国にルーツをもつ児童生徒への教育
──日本と世界の未来を担う子どもたちへの支援

足立恭則

本章のキーワード

外国にルーツをもつ児童生徒　就学保障　多文化共生
日本語教育

本章のテーマに関連する主要な SDGs 目標

貧困を なくそう	飢餓を ゼロに	すべての人に 健康と福祉を	質の高い教育を みんなに	ジェンダー平等を 実現しよう	安全な水とトイレ を世界中に
エネルギーを みんなに そしてクリーンに	働きがいも 経済成長も	産業と技術革新の 基盤を作ろう	人や国の不平等 をなくそう	住み続けられる まちづくりを	つくる責任 つかう責任
気候変動に 具体的な対策を	海の豊かさを 守ろう	陸の豊かさも 守ろう	平和と公正さを すべての人に	パートナーシップで 目標を達成しよう	

1. 総説

　仕事や結婚で日本に移り住む外国人が増加し、それに伴い日本に住む外国にルーツをもつ子どもの数も増えている。彼らの多くは普通の公立校に通い、他の日本の児童生徒とともに学校生活を送っている。しかし、海外から日本に移り住んだばかりの子どもたちは日本語も日本の習慣も充分に身についていないことが多く、授業を理解するのにも、学校生活に順応するのにも苦労している。

　もともと移民の国ではない日本の学校は日本語がわかる児童生徒を念頭に運営されており、日本語がわからない子どもたちが学級に入ってくることを想定していなかった。そのため、90年代以降の急激な国際化からおよそ30年経った現在でも、日本語や日本の習慣がわからない児童生徒たちへの対応に戸惑いながら、支援体制を整えようとしている最中である。外国人集住地域と散在地域で大きな差はあるものの、日本全体では、いまだに外国にルーツをもつ子どもたちへの教育支援は必ずしも充分とはいえない状態にある。

　SDGsの目標4では、すべての子どもが初等教育と中等教育を修了できるようにすること（4.1）、すべての子どもが就学前教育の機会を得、初等教育を受ける準備ができること（4.2）、すべての人々が高等教育への平等なアクセスを得られるようにすること（4.3）、さらに、グローバル・シティズンシップや文化の多様性に関する教育を得ること（4.7）などをターゲットとしている。また、目標10は、人種、民族、出自、宗教、経済的地位などに関わりなく、すべての人々が社会に参加できること（10.2）、そして、差別的な法律、政策、慣習を撤廃し、適切な法規、政策、行動を促進することにより、平等を確保し、成果の不平等を減らすこと（10.3）をターゲットとしている。

　このようなSDGsの目標にてらして、日本の教育制度はどこまで整

備がなされているのか。日本の学校は外国にルーツをもつ子どもたち
をどのように受け入れ、どのような支援を行い、支援を受けた子ども
たちはその後、どのように学校を巣立っていくのか。この章では、海
外から日本に移り住む子どもが、どのように学校を選び、入学し、教
育を受けていくのか、その過程を想像しながら、外国ルーツの子ども
たちに対する「就学保障」、「学習保障」、「進路保障」が日本でどの程
度まで実現されているのかを考察する。

2. 増える定住外国人

(1) 人数・国籍・在留資格
　日本における外国人の数はバブルの時代から急激に増加した。特
に、1990 年の入管法(「出入国管理及び難民認定法」)の改正により、
日系人(3 世まで)が日本に定住し、就ける職種のしばりなく働ける
ようになると、ブラジルやペルーなどから多くの日系人が日本に移り
住み、愛知や岐阜、三重、静岡などにある自動車工場や食品工場など
で働くようになった。もともと数年間の出稼ぎのつもりで来日した人
も多いが、帰国をせず、日本に定住する人たちも多く現れた。
　法務省統計によると、2023 年 6 月末、日本に 3 ヵ月以上滞在する
外国人の総数はおよそ 322 万人である。年齢・在留資格別の統計があ
る 2020 年末の資料によると、0 歳から 18 歳以下の外国人は約 30 万
人で、国籍は多い順に中国、ブラジル、フィリピン、韓国となってい
る(【図表 1-1】)。在留資格別で見ると、永住者、家族滞在、定住者、
特別永住者で全体の 89% を占める。このように、学齢期の子どもの
多くは長期滞在が可能な在留資格で日本に滞在していることがわか
る。
　日本に移り住む外国ルーツの子どもたちのなかには数年で本国に帰
国する子もいれば、大人になってもずっと日本に定住し続ける子もい

【図表 1-1】18 歳以下の在留外国人の国籍及び在留資格（2020 年末）

順位	国籍	順位	在留資格
1	中国（33%）	1	永住者（33%）
2	ブラジル（15%）	2	家族滞在（30%）
3	フィリピン（11%）	3	定住者（20%）
4	韓国（9%）	4	特別永住者（6%）

出典：法務省出入国在留管理庁（「在留外国人統計（2020 年末)」)

る。そのことをまず念頭におきながら、日本に移り住んだ子どもたち
がどのように日本の学校に入学し、支援を受けていくのかを次に見て
いこう。

3. 外国人児童生徒への就学保障

(1) 就学義務と公立校への入学・編入

　小学校 3 年生の A ちゃんは、日系ブラジル人の両親と一緒にとあ
る県に移住してきた（架空のケース）。親は工場で共働きし、お金が
貯まったらブラジルに帰る予定である。小学 3 年生の A ちゃんはど
のように通う学校を見つけたらよいのだろう。

　外国人の児童生徒は外国人学校(例:ブラジル学校やインターナショ
ナルスクール）に入る選択肢もあるが、住んでいる地域にそうした学
校がない場合も少なくない。また、仮にそのような学校が近所にあっ
ても、外国人学校の学費は安くなく、入学を断念せざるを得ないケー
スも多い。そのため、外国人児童生徒は近隣の公立校への入学を希望
するケースも多い。A ちゃんの親も経済的理由から、日本の公立校へ
の編入を希望している。

　では、こうした子どもたちの受け入れについて、日本の学校はどの
ような立場をとっているのだろうか。外国人の子を受け入れる体制が

整っていないなどを理由に外国人の子の入学や編入を拒否できるのだろうか。

　実は、日本では外国籍の子どもの教育について、国内法で規定されてはいない。日本国憲法（第26条）は、「国民」の教育を受ける権利と受けさせる義務を規定しているが、外国人の子と親には権利も義務も規定していない。つまり、憲法を根拠にすれば、日本の公立校に外国の子どもを受け入れる義務はないのである。ただし、日本は国際人権規約や子どもの権利条約などを批准しており、これらを根拠に外国人の子どもも教育を受ける権利を保障されるべきだと考えられている。そのため、外国籍の子どもも希望があれば日本の公立校に受け入れる方針がとられている。しかし、こうした受け入れはあくまで「恩恵」として許可するものであり、法的な根拠に基づくものではないという解釈は崩されていない。

　このように、外国人の子には義務教育を受けることが義務化されていないため、外国人側から入学希望を申し出なければ、そのまま放置される可能性がある。文部科学省は全国の地方自治体に「外国人児童生徒のための就学ガイドブック」（多言語対応）を頒布し、外国人住民に対しても就学の案内をすることを奨励しているが、同省の調査（「外国人の子供の就学状況等調査結果（確定値）（令和3年）」）では、小学校入学年齢にある外国人住民に就学案内を送付する自治体は約8割弱、中学入学に関しても約6割となっており、日本人の子どもに対する就学の徹底ぶりとは大きな違いが存在する。

(2) 不就学への対応

　外国人に就学義務がないということは、同時に、外国人の子どもは教育を受ける権利も保障されないことを意味する。文部科学省が令和4年度に実施した全国調査（「外国人の子供の就学状況等調査」）によると、全国で約8千人以上の義務教育年齢の外国人児童生徒が不就学

の可能性があるという。外国人の親が子どもを学校に入れない理由としては「日本語がわからないから学校に行っても意味がない」、「すぐに帰国するから」、「いじめがあるから」、「昼間、兄弟の面倒を見てもらう必要があるから」など様々なものがある。しかし、義務教育を受ける機会を逸すると、その後の高校や大学進学の道が絶たれるだけでなく、読み書きや計算もできないなど、日常生活でも支障をきたす。また、将来仕事を得ることも困難になり、社会からはじき出された存在にもなりかねない。

　就学義務がない外国人には子どもの就学を強制できないとはいうものの、8千人もの子どもたちを放置しておいていいはずもない。子どもの学ぶ権利を守り、子どもへの福祉を最優先に考えるなら、国籍に関係なく、就学を徹底させる手立てを考えなければならない。

4. 学習保障

（1）初期指導体制

　幸いにして外国ルーツの子どもの入学や編入が決まっても、それですべてが完了し、あとは日本の子ども同様に学校生活を送るだけというわけにはいかない。彼らに対してはガイダンスをはじめとする初期指導を施す必要がある。

　ガイダンスではまず、日本の学校生活への適応指導と日本語指導の両方を行う必要がある。このガイダンスにどれだけの期間・時間を費やすか、また、どれくらい体系的に行うかは受け入れ先の自治体や学校で異なる。外国人が多く住む集住地域では、入学・編入する子どもたちを対象としたプレクラスを設けているところもある。たとえば、2020年の文部科学省資料（「外国人の子供の就学状況の把握・就学促進に関する取組事例」）によると外国人住民が市の人口の7.6％以上を占める岐阜県可児市では、外国人から市に転入の届が出たタイミング

で子どもの就学手続きの声かけを行う。子どもが日本の学校への通学経験がなかったり、初歩的な日本語力がない場合は、教育委員会が設置する「ばら教室KANI」（初期適応指導教室）への通学を案内する。この教室では、日本の学校への適応指導と初歩的な日本語指導と学習指導を3ヵ月程度実施する。こうして体系的なガイダンスを受けてからそれぞれの学校に入ることにより、スムーズに日本の学校に溶け込んでいけるような仕組みができている。

　このように、外国人の集住地域では、常に一定数の対象者がいるため、毎年、決まった予算を組み、支援者を雇い、日本語教室などを恒常的に設置することができる。また、同じ母語の子どもがまとまって在籍していれば、母語別の支援者・通訳も雇うことができる。

　一方、時折しか外国ルーツの子どもが入学・編入しない学校では、じっくりと体系的にガイダンスを行うのは難しい。文部科学省の2021年の調査（「日本語指導が必要な児童生徒の受入状況等に関する調査（令和3年度)」）によると、全国の小学校の約7割は日本語指導を必要とする外国籍の子どもの在籍数が4人以下であり、多くの学校が外国ルーツの子どもの受け入れ経験が少ないことがわかる。こうした学校では、外国ルーツの子どもを受け入れる仕組みが整っていないことが多い。また、子どもたちの支援に充てる教員や支援者も少なく、雇いたくても予算がないという問題が存在する。外国ルーツの子どもの在籍数が少ないと、専門の教員を雇い、恒常的に日本語教室を開設したり、支援プログラムを運営することは困難である。結果として、支援が必要な子どもが入るたびに、その場限りの対応を繰り返さなくてはならない。このように外国人住民の集住地域と散在地域では、子どもに提供できる支援に大きな差が出て、住む場所による教育の不平等が存在する。Aちゃんが住む自治体が外国人集住地域であれば、手厚い支援を受けられるが、散在地域であれば、充分な支援が受けられない可能性がある。

もっとも、外国人児童生徒への支援を増やすことに対しては、反対論もなくはない。日本の学校は日本人の税金で賄われているのだから、外国人への支援が不充分でも仕方がないといった主張はしばしば聞かれる。しかし、日本で働く外国人も住民税などの税金を国と自治体に納めており、その意味において、税金の支払いを根拠とした反対論は成り立たない。この問題はむしろ、多数者である日本人児童生徒と少数者である外国人児童生徒にどのように税金を分配するかという問題であり、それは日本社会として、どれだけ弱者への支援を行うか、どれだけ外国人児童を日本社会の一員として扱うかという判断の問題である。

(2) 日本語指導が必要な児童生徒

　ところで、日本の学校に入る外国ルーツの子どもたちは皆日本語がわからないのだろうか。前述の文部科学省の調査によると、日本の公立校に通う外国籍の子どもは 114,853 人で、そのうちの 47,619 人が日本語指導を必要としている。日本語指導が必要な子どもを母語別で見ると、ポルトガル語（26.1%）、中国語（20.3%）、フィリピノ語（14.0%）、スペイン語（7.7%）、ベトナム語（6.5%）、英語（4.7%）となっている。ここからわかるとおり、日本語がわからない子どもに英語で支援をしようという発想は大方役に立たない。一方、日本語指導が必要な日本国籍の子どもも 10,688 人おり、合わせて 58,307 人が日本語指導を必要としている。

　これらの児童生徒のうち日本語指導を受けている者の割合は約 9 割である。状況は年々良くなりつつあるが、10 人中、一人は未だ充分な日本語の指導を受けないまま日々学校に通っていることになる。

　日本語指導が必要な子どもが放置される理由としては、指導にあたる教員が確保できないなどの事情もあるが、子どもは放っておいても自然に言語を習得するものだという思い込みもある。確かに子どもは

一般的に大人よりも日常会話を習得するスピードが速い。しかし、日常生活で必要な生活言語能力の獲得と学校の勉強に必要な学習言語能力の獲得は別個に考える必要がある。小学3年生で日本の学校に入ったAちゃんは、友達との会話を通して、早ければ半年から1年のうちに「ペラペラ」と思えるレベルまで日本語を習得するかもしれないが、それは生活言語能力を獲得したにすぎない。日常会話の多くは目の前にある具体的な文脈のなかで行われることが多く、使われる語彙の抽象度は低い。一方、学校の授業や教科書で出会う語彙は抽象度が高く、場面から得られる助けも少ないため、理解するのが難しい。それゆえ、子どもであっても学習言語能力が充分に身につくには5年以上はかかるといわれる。個人差はあるが、小学校3年に編入したAちゃんは、中学校に入ってようやく周りの日本人の子と同程度に授業が理解できるようになるということである。自然放置でもすぐに学習言語能力が身につくと考えるのは大きな間違いである。

　適切な日本語指導を受けない子どもたちは教室で退屈な時間を過ごしながら耐え忍んでいるだけでなく、その間に学ぶべき勉強の内容も身につかない。日本語がわからないという理由だけで、義務教育の内容にぽっかりと空白ができてしまうことになるのである。

(3) 日本語指導の内容と方法
　では、適切な日本語指導をするためには、どのような内容を設けたらいいのだろうか。一般的な日本語指導の種類には、①サバイバル日本語（学校生活において必要性・緊急性の高い日本語の学習）、②日本語の基礎（文字・語彙・文法などの体系的学習）、③技能別日本語（読み、または書き中心の学習など）、④JSLカリキュラム（日本語指導と教科指導を統合した学習）がある。
　こうした指導をどこで、誰が、どの程度、どのように行うかは、各自治体や学校で異なる。特に外国人の集住地域と散在地域では大きく

異なるため、場合分けして見ていく必要がある。

　先のＡちゃんが編入した学校が外国人の集住地域である場合、その学校にすでに「日本語教室」または「国際教室」と呼ばれる特別教室が設置されていることが多い。Ａちゃんはガイダンスも含め、上記の指導をすべてこの日本語・国際教室で受けることができるかもしれない。日本語・国際教室には常駐の日本語指導員やボランティアの日本語指導支援者がおり、様々な教材を使って体系的な日本語指導や教科指導を行う。

　しかし、こうした手厚い指導を受けられる学校は、日本語指導を必要とする子どもが数十人いるようなごく一部の学校に限られる。文部科学省の調査（「日本語指導が必要な児童生徒の受入状況等に関する調査（令和3年度）」）によると、日本語指導が必要な子どもがいる小学校のおよそ3割は該当する子どもが一人しかいない。このような学校では自前で日本語・国際教室などを設置することは難しい。また、日本語指導員を雇うことも叶わない。さらに、外国人散在地域では、子どもの母語を話す母語支援者を探すことも難しい。こうした状況下にある学校にＡちゃんが編入した場合は、上記の支援のうち、限られたものを限られた範囲で受けることとなる。また、1割の子どもがそうであるように、まったく支援を受けられない可能性すらある。

　もちろん、各学校に日本語指導を必要とする子どもが少ない場合でも、同じ地域の複数の学校を合わせれば、ある程度の人数が集まることもある。その場合は、地域の学校の一つをセンター校とし、そこに日本語・国際教室を設置し、日本語指導が必要な子どもたちが週に数回、通う形で支援を行うケースもある。ただし、この方法で得られる支援の量は限定的にならざるを得ない。地域にNPO（Non-Profit Organization）などが開設する日本語教室があれば幸運であるが、そうした日本語教室でも多くは財政的に厳しい運営下にあることが多く、公立校と同様に充分な指導を行いたくても行えない場合が少なく

ない。

(4) 母語・母文化の保持と育成

　ここまで、外国ルーツの子どもたちに対する日本語指導の必要性を
述べてきたが、実はこの子たちには母語や母文化の保持という課題も
別途存在する。

　日本の学校に通う外国ルーツの子どもたちのなかには、そのまま日
本に定住する子もいれば、数年後には母国に帰る子もいる。特に母国
に帰る子は、帰国後、母国の学校に順応する必要があるため、日本語
習得とともに、母語と母文化の維持、発達も必須である。もし、Aちゃ
んが2年後にブラジルに帰るのであれば、Aちゃんはブラジルで5年
生の授業についていけるだけのポルトガル語を知っていなくてはなら
ない。あまり認識されていないことだが、子どもは言語を習得するの
も早いが、忘れるのも同じくらい早い。つまり、母語は意識的に維持
しないと忘れてしまうのである。また、日本の学校生活に慣れたAちゃ
んは、ブラジルの学校生活に再適応しなくてはならない。これも大人
が思うほど簡単ではないのである。したがって、Aちゃんへの教育支
援を帰国後も含めて考えるなら、母語と母文化の維持にも注意を向け
る必要がある。

　では、もしAちゃんがブラジルには帰らず、ずっと日本で暮らす
のであれば、母語や母文化の維持・発達は不必要かといえば、必ずし
もそうではない。母語と母文化を保持しつつ、同時に日本語も使え、
日本社会にも順応できる人材を育てることは日本社会にとっても、本
人にとっても有益なことだと考えられるからである。

　この問題は人の移動と社会の多様化に関する問題であり、今後の日
本社会のあり方に大きく関わる重要な問題である。日本が今後、多文
化共生社会を目指すのであれば、無視することのできない検討課題で
ある。

文化変容を研究した心理学者のジョン・ベリーは異なる文化圏に移動した人がとりうる態度として次の四つを挙げている。
・統合：自分の文化を保持しつつ、新しい文化も取り入れていく
・同化：自分の文化を保持せず、新しい文化を取り入れていく
・分離：自分の文化を保持し、新しい文化を遠ざける
・周辺化：自分の文化からも新しい文化からも遠のく
　これからずっと日本に住むＡちゃんは日本語と日本文化だけを習得すればいいのだと考えるのは、Ａちゃんに日本への「同化」を求める姿勢である。これはすなわち、Ａちゃんにブラジル人としてのアイデンティティを捨てて、日本人としてのアイデンティティをもつことを求めることでもある。
　一方、日本語・日本文化もポルトガル語・ブラジル文化も両方身につけてほしいと考えるのは「統合」を求める姿勢である。この場合、Ａちゃんは日本社会のなかで日本とブラジル双方のアイデンティティをもちながらバイリンガル、バイカルチュラルとして育つことになる。
　さらに、もしＡちゃんが日本語も日本文化も拒否して、ポルトガル語とブラジル文化のなかだけで生きようとした場合、それは「分離」を意味する。この場合、Ａちゃんは日本にいながら、日本語も充分使えず、日本文化にも馴染まない存在として、日本社会で孤立して育つことになる。
　最後に、もしＡちゃんが日本語・日本文化にも馴染まず、かといって、遠く離れたブラジルの文化にも馴染めず、ポルトガル語も小学校レベルで発達が止まってしまった場合、それは「周辺化」を意味する。Ａちゃんは日本社会のなかで日本人でもない、ブラジル人でもない存在として暮らすことになる。
　以上の選択肢があるなか、Ａちゃんにとって、最善の選択肢を大人がある程度判断してあげることが求められる。Ａちゃんがもし日本に永住するのであれば、「同化」でも不便はないかもしれないが、Ａちゃ

んの将来の選択肢を広げるという観点からは、やはり「統合」を目指すのが良いのではないか。将来、進学や仕事で両国を移動できる柔軟さを身につけておけば、それだけＡちゃんの可能性は広がる。また、双方の国の懸け橋となる人材として育ってくれれば、日本社会にとっても大きなプラスとなる。

　それでは、「統合」を目指すために、日本の学校は何ができるのであろうか。実は外国人が多く住む集住地域の学校では、国際教室などで母語の力を伸ばす授業を行なっているところもある。自治体に雇われた母語支援者などが週に何時間か、ポルトガル語や中国語などのレッスンを提供している。もちろん、すべての子どもの母語に対応することはできないため限界はあるが、特定の言語の母語話者が集中して在籍する学校では、少なくともその言語を母語とする子どもの支援は可能となっている。また、地域に母語学習を支援する教室があれば、そこに通うこともできる。

　外国人が少ない散在地域では残念ながら、学校として母語の授業を行うのは難しい。その場合、子どもの自学自習に頼るしかない。そうした学校でも、日本語学習とともに母語の使用も奨励するなど、子どもが母語学習に対してポジティブな姿勢をもてるよう工夫する必要がある。また、日本の子どもたちの国際教育という目的も兼ね、その子の国の言語や文化を日々の学校生活や授業のなかで積極的に取り入れ、その子が自分の言語と文化に自信とプライドをもって過ごせるようにすることが重要である。

5.　進路保障

（1）高校受験というハードル
　ここまで、主に小学3年生のＡちゃんを例に外国ルーツの子どもたちの境遇を見てきた。ここからは、少し年齢を上げて、外国ルーツ

の生徒たちの高校進学や就職に焦点をあてて見ていきたい。

　日本の公立高校に進学する日本語指導を必要とする生徒の数は、年々増えている。しかしながら、文部科学省の「日本語指導が必要な児童生徒の受入状況等に関する調査（令和3年度）」によると、日本人生徒の高校進学率（約99％）に比べて、彼らの高校進学率は、90％に留まっている。また進学も就職もしない率は5％で、中学生の0.5％と比較して多い。

　進学率が低い理由は様々である。高校で学べるだけの日本語力がない、日本語力が低かったため基礎的学力が不足している、入試制度がよくわかっていない、情報不足で自分が行ける高校がないと思い込んでいる、外国人学校（各種学校）出身であるため公立校へ進学できない（ただし、自治体によって可否が異なる）などである。

　各都道府県は日本語力が足りない受験生に対して、特別枠を設けているところもあるが、自治体によって内容や条件が異なり、統一されていない。また、試験科目も自治体によって異なる。外国人生徒・中国帰国生徒等の高校入試を応援する有志の会の2022年の調査によれば、たとえば、神奈川県の全日制高校の場合、132校中14校が特別枠を設けており、対象者は来日3年以内、試験科目は英国数、面接となっている。一方、東京都の全日制高校では、167校中8校が特別枠を設け、対象者は来日6年以内、試験科目は作文及び面接（それぞれにおいて日本語又は英語のどちらかを選択可）となっている。特別枠で受験できる条件については、神奈川県のように来日6年以内のところもあれば、東京都のように3年以内のところもあり、不平等だとの声もある。たとえば、小学6年生で来日した生徒の場合、高校受験時には4年の滞日となるため、3年枠の自治体では特別枠の対象にならない。先に述べたとおり、学習言語能力が身につくには5年以上はかかるため、滞日3年以内という制限により、特別枠の対象から外されてしまうのは酷だという指摘もある。一方、6年枠の自治体であれば、

こうした生徒も特別枠の対象となる。

（2）中途退学と不安定な進路

　無事、高校への進学を果たしても、日本語指導が必要な高校生は中途退学率も高く、卒業後の進路も不安定である。文部科学省の調査（「日本語指導が必要な児童生徒の受入状況等に関する調査（令和3年度）」）によると、全高校生と比較して、中途退学率は6.7倍で、卒業後の進学率も全高校生の進学率の7割程度となっている（【図表1-2】）。また、就職をした場合でも、非正規就職率は全高校生の率の11.8倍であり、安定した就職が難しい状況にある。加えて、進学も就職もしない率も全高校生の率の2.1倍となっており、日本語に不自由がある若者は、進学においても、就職においても極めて不安定な状況におかれていることがわかる。

　高校中退で日本語も母語も充分でない若者に与えられる人生の選択肢はどのようなものだろうか。また、高校を卒業しても就職をしない、できない若者はどのように毎日を過ごすのだろう。仕事のない若者は、やがて経済的に困窮し、親や知り合いを頼るか、生活保護を受けるしかなくなる。また、社会で居場所を失った若者は自尊心も失い、精神面でも不安定な状況におかれることも多い。なかには、同じ境遇

【図表1-2】中途退学率及び進路の比較（2021年）

	全高校生	日本語指導が必要な外国ルーツの高校生
中途退学率	1.0%	6.7%
進学率	73.4%	51.8%
進学も就職もしない者の率	6.4%	13.5%
就職者における非正規就職率	3.3%	39.0%

出典：文部科学省「日本語指導が必要な児童生徒の受入状況等に関する調査」（令和3年度）

の仲間を求めて街に繰り出し、不良化してしまう者も出てくる。人は社会的動物であり、社会から必要とされ、社会に貢献してはじめて精神的に満たされるものである。社会からはじき出される若者をなくすことは、本人にとっても社会にとってもいいことは明らかである。

　日本は人手不足を解消するため、2019年に「特定技能」という在留資格を新たに設け、海外から外国人を積極的に受け入れる政策をとっている。しかし、その一方で、すでに日本に定住している外国ルーツの子たちを育て、積極的に日本社会に取り込み、活躍の場を与えようという発想は希薄であるように思われる。もっと国内に目を向け、すでに日本にいる人たちを大切に育てていくべきではなかろうか。

6. おわりに

　この章では、外国にルーツをもつ子どもたちへの教育支援が日本では必ずしも充分ではないという現状を見てきた。教育支援が充分でない理由には、財政的な要因もあるが、日本人と外国人を分けて考える心理的な要因も大きく働いていると思われる。日本国民には就学義務を徹底するが、外国人には就学義務がないとして、就学の案内すら届かない場合もある。また、8千人以上もの外国人児童生徒が所在不明でも大きな社会問題として扱われていない。こうした状況を見ると、日本ではまだ「すべての子どもが初等教育と中等教育を修了できるようにする」というSDGsの目標4が達成されていないことがわかる。

　さらに、高校を中退したり、卒業をしても就職も進学もできない外国人の若者が大勢いても、日本社会としてさほど気にかける様子もない。こうした状況もSDGsの目標10が掲げる「人種、民族、出自、宗教、経済的地位などに関わりなく、すべての人々が社会に参加できるようにする」という目標が達成されていないことを示している。

　外国の子はいずれ母国に帰るという思い込みは、もはや正しくない。

彼らの多くは日本に定住し、地域の住民として我々の隣に住み、ともに働き、日本を支えていくのである。そのような認識をもって、外国ルーツの子どもたちの支援を考えていくことが大切である。

　これからの日本社会は外国とのつながりなしでは、持続可能ではなくなっていく。その意味で、SDGsが掲げる多文化共生に関わる目標を少しでも早く実現していくことが求められる。

引用・参考文献

Berry, J. W.（2006）. Contexts of acculturation. In D. L. Sam & J. W. Berry（Eds.）, *The Cambridge Handbook of Acculturation Psychology*（pp. 27-42）. Cambridge University Press.

ディスカッション・ポイント

本章をふまえて考えてみましょう。

① 外国ルーツの子どもは、すぐに母国に帰るのだから、日本で受ける教育内容が不充分でも仕方がないという意見に対して、どのように考えますか。

② 日本に定住する外国ルーツの子どもは、日本語だけを話し、日本人と同化するのが望ましいという意見に対して、どのように考えますか。

③ あなたが小学校の教師になり、自分の学級に日本語も英語もわからない外国ルーツの子どもがいた場合、どのようなサポートができると思いますか。

④ 日本で子どもを学校に通わせない外国人の親は、ベリーの「統合」「同化」「分離」「周辺化」のどれを助長していることになると思いますか。

読書案内

著者	荒牧重人 他 編著	出版年	2017	出版社	明石書店
タイトル	『外国人の子ども白書 ――権利・貧困・教育・文化・国籍と共生の視点から』				

▶ 日本に住む外国籍の子どもに関わる多彩なトピック（国籍、家庭生活、貧困、教育、人権、在留資格、支援現場など）を１トピック３〜４ページで簡潔に解説した総合書。

著者	小島祥美 編著	出版年	2021	出版社	明石書店
タイトル	『Q&A でわかる外国につながる子どもの就学支援』				

▶ 外国につながる子どもの支援に際して現場で生まれる具体的な疑問や質問に対して Q&A の形で答える実践書。基礎知識編と事例編を含む。

著者	田中宝紀 著	出版年	2021	出版社	青弓社
タイトル	『海外ルーツの子ども支援 ――言葉・文化・制度を超えて共生へ』				

▶ 外国ルーツの子ども・若者への教育支援事業を運営する筆者が日々の支援活動を通して考える日本における支援の問題点と改善のための提言を豊富なデータとともに書き記した入門書。

第2章

性別をめぐる社会的不公正
──問題と課題を考える

野田 潤

本章のキーワード

ジェンダー　セックス　性別役割分業　無償労働
男性稼ぎ主モデル（male breadwinner model）

本章のテーマに関連する主要な SDGs 目標

貧困を なくそう	飢餓を ゼロに	すべての人に 健康と福祉を	質の高い教育を みんなに	ジェンダー平等を 実現しよう	安全な水とトイレ を世界中に
エネルギーを みんなに そしてクリーンに	働きがいも 経済成長も	産業と技術革新の 基盤を作ろう	人や国の不平等 をなくそう	住み続けられる まちづくりを	つくる責任 つかう責任
気候変動に 具体的な対策を	海の豊かさも 守ろう	陸の豊かさも 守ろう	平和と公正さを すべての人に	パートナーシップで 目標を達成しよう	

1. 総説

　日本で 1986 年に男女雇用機会均等法が施行されてから、30 年以上が過ぎた。現在の私たちの社会では、ジェンダー平等は達成されたのだろうか。実は、日本はこの点について現在も様々な問題や課題を抱えている。本章では、まずジェンダーという基本的な分析概念を示し、これが社会的に構築された性別であることを確認する。そのうえで、現代日本社会の様々な領域における様々なジェンダー問題について、データをもとに、現状とその背景及び今後の課題を考えていきたい。

　あらかじめ結論から述べておくと、ジェンダーとは社会が作り出す性別である。ジェンダー不平等を生み出すのは、私たちの社会のなかにある仕組みや制度や固定観念なのである。それは日常生活のなかに溶けこんだ、一見罪のない「当たり前」感覚とも強固につながっている。これをふまえたうえで、次世代の社会に向けてジェンダー平等を達成していくためには何が必要なのか、一人ひとりが当事者意識をもちながら、社会的課題や対応策を考えていくことが重要である。

2. ジェンダーとは何か

(1) 生物学的性差としてのセックス／文化的・社会的性差としての
　　ジェンダー

　「性別」を表す分析用語は 2 種類あり、それぞれ意味が大きく異なる。一つ目は生物学的な性差を意味する「セックス」だが、これはたとえばペニスの有無といった外性器の違いのように、生まれもった性差のことである。他にも XX または XY の形をもつ性染色体の違い、精巣または卵巣・子宮といった内性器の違い、思春期以降に発達する性ホルモンの違いなどは、セックスにあたる。これらは生物学的な差異な

ので、本人の「やる気」や「努力」などによってどうこうできるよう
なものではない。

　次に、文化的・社会的な性差を意味する「ジェンダー」である。こ
れは社会が規定した「男らしさ／女らしさ」のことである。私たちは
社会における他者との相互行為の積み重ねを通じて、このジェンダー
を後天的に学習し、身につけていく。したがって、「どんな社会で」「ど
んな価値観の人たちと相互行為を積み重ねてきたか」によって、その
人が身につけるジェンダーの形は異なるし、社会が変わればジェン
ダーの中身そのものも大きく変化する。つまり、ジェンダーとは「自
然」でも「本能」でもなく、社会的に構築されるものなのである。

(2) ジェンダーの社会的構築

　ジェンダーが社会的な性差であることを実感したい人には、異なる
社会の観察をおすすめしたい。社会によって「男らしさ／女らしさ」
の内実はまったく異なるからである。スカートを例に挙げてみよう。
現代の日本社会では、スカートは「女らしさ」の象徴となっている。
しかしスコットランドでは、男性がフォーマルな場で「キルト」と呼
ばれる伝統的なスカートを身につける。キルトを履いた結婚式帰りの
男性たちが週末にエディンバラの街中を歩く光景は、スコットラン
ド人にとっては「当たり前」なのである。また、「男が仕事、女が家
庭」という考え方も、実は社会的に構築されたジェンダーの一種であ
る。1930年代にニューギニアでチャンブリ族という少数民族のフィー
ルドワークを行なった文化人類学者のマーガレット・ミードによれ
ば、当時のチャンブリ族では男性が家にいて宗教的儀式を担う一方、
外で働いて家計を支えるのは女性の役割だった。ミードによると当時
のチャンブリ族の女性たちは自ら漁をし、とても活発で外交的な性格
だったが、男性たちは内向的な性格で着飾ることを好んだという。

　このように「何が男らしいのか／女らしいのか」の内容は、社会に

よって規定されている。そして私たちの所属する社会に存在するジェンダー・イメージは、私たちがこの世に生まれ落ちた瞬間から、周囲の人々によって教えこまれていくのである。1976年にジェリー・アン・ウィルらの論文で発表された実験結果によると、「ベスちゃん」という名前の生後6ヵ月の赤ちゃんと遊ぶように言われた母親グループは、赤ちゃんへの微笑みかけの回数が多く、人形をあてがって遊ばせたり、その子を「おとなしい」「可愛らしい」と評する傾向が強かった。他方で「アダム君」という名前の生後6ヵ月の赤ちゃんと遊ぶように言われた母親グループは、電車などをあてがって遊ばせようとした。しかし実際にはこの「ベスちゃん」と「アダム君」は、衣服だけ交換した同じ赤ちゃんだったのである。そしてこうした態度の違いに母親たちは無自覚であった。ここからわかるのは、私たちはゼロ歳児のときから周囲の大人の無意識の言動によって、その社会のジェンダーの固定観念を学び始めるということだ。ジェンダーの後天的学習は、かなり早期から始まるのである。

　なお、後天的なジェンダーの学習プロセスは、社会学の「役割」という概念でも説明できる。「役割」とは、まずその人の立場に応じて周囲の人から特定の行動パターンが期待されるところから始まる（この期待を「役割期待」という）。「女の子なら人形遊びが好きなはずだ」「女の子なら家事ができてほしい」などという期待は、まさに役割期待である。そして周囲＝社会からの役割期待を受け取った個人が、役割期待に合わせて自らの行動を変えるとき（これを役割取得という）、役割は完成する。「女子力が低いと言われたから苦手だった料理の練習をした」というケースなどは、まさに周囲の役割期待によってジェンダー役割が取得される一例といえる。

(3) セックスの多様性

　こうして見てくると、ジェンダーが社会的に作られる性別である一

方で、生物学的な性差であるセックスについては「ジェンダーとは違って絶対的な性別だ」と誤解する人が出てくるかもしれない。しかし実は生物学的に規定されるセックスも、それほど絶対的に「男か女か」に分けられるものではない。というのも、そもそも生物学的な性差とは、「男か女か」の2種類ではなく、グラデーションのように多様なものだからである。ちょうど虹のように少しずつ違う色が複雑に入り混じっているので、緑とも青ともいいきれない微妙な中間色のような形がたくさんある。既存のカテゴリーでは分類不可能なタイプの性のあり方が、無限に存在するのである。

このようなセックスの多様性は、「男」とも「女」とも異なるセクシュアルマイノリティのあり方からもよくわかる。たとえば性染色体がXX（女性）でもXY（男性）でもなく、XXYの形をとっているケースは、クラインフェルター症候群と呼ばれる（ちなみに三毛猫のオスはすべてクラインフェルター症候群である）。また外性器や内性器、性ホルモンのいずれかが、男性とも女性ともいえないこともある（性分化疾患）。外性器の形状は女性でずっと女の子として育てられたが、思春期に男性ホルモン（テストステロン）の分泌量が増え、がっしりした体つきになるケースもあるし、外性器は女性でも内性器を調べると卵巣と子宮がなく、未発達の精巣が認められるケースもある。このように肉体の性別が男性とも女性とも区分しきれない人たちのことを、インターセックスという。インターセックスのなかでも、肉体のどこの部分がどの程度インターセックスなのかは人によって異なるので、まさにグラデーションのように多様である。

さらに近年では①性的指向、②性自認、③性表現という部分でも、それぞれに性の多様性が知られるようになってきた。まず①性的指向とは、性的欲望や恋愛感情の対象がどうであるかを示す言葉で、「性的嗜好」とは異なり、本人の趣味や好みで決められるものではない。性的指向が同性にしか向かない場合を同性愛、同性にも異性にも向く

場合を両性愛、異性にしか向かない場合を異性愛という。また性的指向がどこにも向かないとされるアセクシュアル、「男女」に限らずあらゆる性別に対して性的指向をもつパンセクシュアル、自分の性的指向が定まらなかったりわからなかったりするクエスチョニングなど、他にも多様なあり方が存在する。次に②性自認とは、自分自身の性別をどのように自認しているかを指す言葉で、「心の性別」といわれることもある。この性自認も人によって多様で、たとえば肉体の性別と性自認が一致する人（シスジェンダー）もいれば、一致せず性別違和を抱える人（トランスジェンダー）もいる。また「性自認が男でも女でもない・固定されていない・自分でもわからない」と感じる人々もいて、こういうケースを英語圏ではクエスチョニングやクィアといい、日本では X ジェンダーと呼ぶこともある。さらに③性表現とは、自分の外見をどのような性別として表現したいかということである。仮にシスジェンダーの異性愛者であっても、外見だけは肉体の性別と異なる形で表現したいという人もいる（これをトランスヴェスタイトやクロスドレッサーなどと呼ぶこともある）。

　以上のような性的指向・性自認・性表現を合わせて、SOGIE という。重要なのは、SOGIE の三つの要素は必ずしも相互に連動しないということである。肉体の性の多様性に加えて、性的指向・性自認・性表現もそれぞれ多様であり、しかも連動しないということは、それらの総体としての性別のあり方は、ほとんど無限といってよい。

(4) 多様なセックス、性別二元論のジェンダー

　なお、トランスジェンダーや同性愛の当事者のなかには、周囲から「異性愛のシスジェンダーであるべき」と期待され、教えこまれてきたにもかかわらず、3 〜 4 歳の時点ですでにどうしようもなく「違う」と感じていたという人も多い。つまりこれは社会からの役割期待や親の教育が原因なのではないし、本人の趣味や主体的選択の結果でもな

い。SOGIE の 3 要素の組み合わせで決まる性のあり方は、社会的に規定され後天的学習で身につくジェンダーとは、いささか質が異なるものなのだ。

　しかし社会が作り出したジェンダーカテゴリーは、多様なセクシュアルマイノリティの現実を無視して、「おまえは男なのか、女なのか」と、無理やり 2 種類の区分を押しつけてくる（こうした考え方を性別二元論という）。ここにジェンダーの抑圧性や暴力性がある。セクシュアルマイノリティの問題を研究している森山至貴が述べるように、「ジェンダーとは、私の側の事情と欲求にかかわらず、他者から男か女かを割り当てられ、それにふさわしい態度や行動をとるよう強制される、その現象のことを指す」のである（森山 2017）。現実のセックスはこれほど多様なのに、それが強制的に社会の作った「男か女か」の 2 区分にあてはめられてしまう――これこそがジェンダーの作用なのである。

　同様のことは、マジョリティにもあてはまる。仮に性自認は女性で、それ自体には違和感がなかったとしても、社会から規定されたジェンダー・イメージ――たとえば「女性は家庭に入るべき」とか「女の子はスカートを履くべき」とか――に対して、強烈な違和感を覚える人もいる（もちろん個人の価値観は多様なので、たまたま違和感を覚えない人もなかにはいる）。同様に、男性としての性自認をもつ人のなかにも、「男なら泣いてはいけない」「男なら稼げなきゃダメだ」といったジェンダー・イメージに、言い知れぬ息苦しさを感じる人もいる（もちろんなかにはたまたま感じない人もいる）。

　ここで重要なのは、社会が作り出したジェンダーが、個々人の「私らしい選択」を阻害することがある、ということだ。「女」とされる人たちのなかにも、「男」とされる人たちのなかにも、どちらでもない人たちのなかにも、様々な価値観や事情や背景がある。しかし社会的に規定されたジェンダーは、こうした現実の多様性を、「男らしさ

／女らしさ」の不自由な性別二元論に押し込めてしまう。もしも虹の
なかにある複雑な色彩を「赤か青か」の2色でしか記述できなくなっ
たなら、どんなに不便なことだろう。

　したがってジェンダー不平等の問題を考える際には、もちろん「男
／女」という2カテゴリー間の不平等について論じていくことも重要
だが、それに留まらず、無限の可能性をもつ多様な人々を「男／女」
という単純な2カテゴリーに押し込めてしまうこと自体の抑圧性も、
きちんと問題化していくことが重要である。ジェンダー問題によって
苦しむ可能性があるのは、決して「女性」だけではない。「女性」も「男
性」も「それ以外の性別の人たち」も、それぞれの形で「男らしさ／
女らしさ」の呪縛に――ジェンダーによる性別二元論の呪縛に苦しめ
られることがある。その意味で、ジェンダー問題とはすべての性別に
関わる問題なのである。

3. 現代日本におけるジェンダーの現状

(1) 課題認識のためのデータの重要性
　以下では、現代の日本におけるジェンダー格差の現状について、様々
なデータをもとに考えていく。ジェンダー問題を考えるためには、社
会の現状について基本的な知識を得ることが非常に重要である。ジェ
ンダーに関する統計はたくさんあるが、たとえば内閣府のホームペー
ジに掲載されている『男女共同参画白書』のデータは、日本の現状を
広く知るにはおすすめである。また世界経済フォーラムが毎年公表
している「ジェンダーギャップ指数」の報告書も参考になる。世界
190ヵ国以上のジェンダー格差の現状が数値化されており、国際比較
という点からも多くのことが学べるし、また「経済参加」「教育達成」
「健康と生命」「政治参加」という四つの項目ごとに見ることで、その
国の課題のありかを知ることもできる。

ちなみに 2023 年 6 月時点での日本のジェンダーギャップ指数は 0.647 で、146 ヵ国中 125 位である。ジェンダーギャップ指数は 1 に近いほど平等、0 に近いほど不平等であることを示すため、日本はまだ 1 には遠く、課題があることがわかる。さらに四つの項目ごとに見てみると、経済参加の数値は 0.561（123 位）、教育達成は 0.997（47 位）、健康と生命は 0.973（59 位）、政治参加は 0.057（138 位）である。日本のジェンダーの課題は、とりわけ経済と政治の領域にあることがわかる。

（2）経済領域におけるジェンダーの現状

　日本では 1986 年から男女雇用機会均等法が施行されているが、現状では均等法の恩恵は一部の女性——総合職で働く正社員女性のみに留まりがちだと指摘されている。しかも現代の日本では、女性が総合職の正社員で働き続けることそのものが困難である。

　次ページ【図表 2-1】は均等法が施行された 1980 年代後半以降の日本の非正規雇用比率の推移を、男女別に出したものである。ここからはまず、1990 年代後半以降に雇用が流動化し、日本全体として非正規雇用比率が増大したことがわかる。しかし同時に、非正規化がより深刻なのは女性であったことも読みとれる。日本では女性の雇用環境が整備される前に不況による雇用流動化が起きたため、女性の正規雇用化が進まなかったのである。そのため女性の経済力は総じて低い。【図表 2-2】は 17 歳以下の子をもつ母親の就業状況を示したものだが、2000 年代以降には「仕事なし」が徐々に減少する一方で、経済的に安定した正規雇用の母親は、2019 年でも全体の 4 分の 1 に留まっている。近年の夫婦共働きの増加は、あくまでも経済の不安定化による家計補助の意味合いが強く、女性の就業形態は今でも低賃金の非正規雇用が多数派である。

　また正規雇用についても、日本は OECD 諸国と比較して管理職の

【図表 2-1】 年齢階級別にみた非正規雇用比率の推移

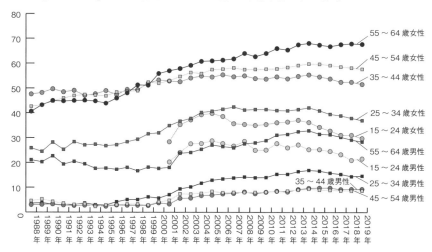

出典:2002 年以前は総務省「労働力調査(詳細集計)」(年平均)、2001 年以前は総務庁「労働力調査特別調査」(各年 2 月)による
註) 15 ～ 24 歳の数値は男女とも在学中の者を除いて算出

【図表 2-2】 17 歳以下の児童がいる世帯の母親の就業状況

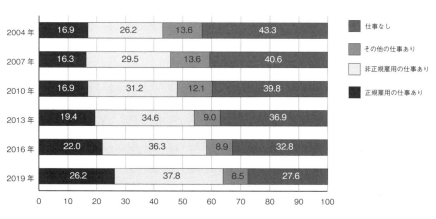

出典:厚生労働省「国民生活基礎調査」

女性比率が少なく、男女の賃金格差が大きいことで知られる。2023年版の「データブック国際労働比較」によると、日本の管理職の女性比率は 13.2％だが、これはフィリピン（53.0％）、スウェーデン（43.0％）、アメリカ（41.4％）、オーストラリア（40.0％）、シンガポール（38.1％）、フランス（37.8％）、イギリス（36.5％）、ドイツ（29.2％）といった多くの国より顕著に低い。また 2022 年の OECD の統計データによれば、日本の男女賃金格差は 4 番目に大きい。こうした日本のジェンダー格差の理由については、第 4 節で考えていきたい。

(3) 政治領域におけるジェンダーの現状

　先述のとおり、2023 年 6 月時点における日本のジェンダーギャップ指数の政治参加の項目は 138 位で、世界 146 ヵ国中ワースト 10 に入る。実際にデータで確認しよう。まずは閣僚に占める女性の割合だが、2022 年 8 月末時点で岸田内閣の閣僚 20 人中、女性は 2 人（10％）である。ちなみに国連女性機関（UN Women）によると、2021 年 1 月時点で世界 193 ヵ国中、閣僚の女性比率がトップ 10 に入った国々は、いずれも女性の割合が 50％を超える。日本以外の G7 の国々の閣僚の女性比率は、カナダ 51.4％、フランス 50.0％、アメリカ 46.2％、ドイツ 40.0％、イタリア 36.4％　イギリス 23.8％である。

　次に国会議員の女性比率も見てみよう。2021 年 11 月末、第 49 回衆議院議員総選挙を経たばかりの日本の衆議院議員の女性比率は 9.7％で、選挙前の 9.9％を下回っていた。参考までに UN Women が公開している世界の下院議員の女性比率（2021 年 1 月）は、50％超が 3 ヵ国、40 〜 49.9％が 20 ヵ国、30 〜 39.9％が 28 ヵ国、20 〜 29.9％が 67 ヵ国、10 〜 19.9％が 47 ヵ国ある。1 割未満という日本の数値は、国際的にも異様に低い。この傾向は地方議会でも同様である。内閣府男女共同参画局のホームページによると、日本の地方議会における女性議員比率は、都道府県で 14.5％（2023 年 4 月）、市区で 18.1％（2022

年12月)、町村で12.2％（2022年12月）である。首長の女性比率は
さらに低く、都道府県知事で4.3％（2023年7月）、政令指定都市の
市長で5.0％（2023年7月）、市区町村長で2.8％（2023年7月）であ
る。歴代内閣総理大臣経験者の女性比率は0.0％である。日本の政治
参加におけるジェンダーギャップ指数の低さは、こうした現状を反映
しているのである。

　なお近年では政治分野のジェンダー格差を是正するための取り組み
として、クオータ制を取り入れる国も増えてきた。クオータ制とは社
会的公正を達成するためのポジティブ・アクションの一種で、特定の
ジェンダーやエスニシティなどに一定の比率を割り当てるものであ
る。政治のジェンダー・クオータ制には、候補者の最低n％以上を女
性にする、当選枠の最低n％以上を女性にするなど、様々な方法があ
る。現時点では日本で採用される気配はないが、今後議論が必要なテー
マの一つであろう。

(4) 教育領域におけるジェンダーの現状
　文部科学省の「学校基本調査」を見ると、日本は1970年代には高
校進学率の男女差がほぼ解消されたが、四年制大学への進学率は、
2023年で男子60.7％、女子54.5％と若干の差が残る。また大学院進
学率になると、2020年で男子14.2％、女子5.6％となり、学歴が上が
るほど女子の比率が減ることがわかる。

　さらに大学学部別のジェンダー比を見ると、日本では理工系及び社
会科学系の女子学生の比率が有意に低い。「男女共同参画白書」によ
ると、2020年の日本の大学学部生の女子比率は、工学分野で15.7％、
理学分野で27.8％、社会科学分野で35.7％だが、これはいずれも
OECD諸国の平均値をかなり下回る。また難関大学の女子学生比率も、
ソウル大学が4割、北京大学が5割、シンガポール国立大学が5割で
あるなか、日本の東京大学は2割と、顕著に低い。日本の高校生の進

路選択のデータからは、女子にだけ浪人をさせず、かつ親元から通わせるという制約の存在も指摘されている（瀬地山 2020）。

　この背景としては、日本には今も「男が稼ぐべき」という社会意識が根強く残っており、そのため就職に有利とされる学部に男子が集中していることが考えられる。また「女の子は頑張りすぎないほうがいい」「女の子は稼げなくてもよい」というジェンダー・バイアスも、女子にチャレンジさせない傾向を生み出していると予想できる。教育領域のジェンダーの課題も、決してゼロではない。

(5) 家庭におけるジェンダー

　【図表 2-2】で見たように、現代の日本では共働きが増えたとはいえ、既婚女性の就業形態は非正規雇用が多数派である。また子どもが幼いうちは仕事をやめて家事や育児に専念している母親も多い。厚生労働省の「出生動向基本調査」（2015 年）によれば、2010 年代前半に第 1 子を妊娠した時点で働いていた女性労働者のうち、子どもが 1 歳になった際に仕事をやめていた人の割合は 46.9％にも及ぶ（2021 年の調査では、2010 年代後半の退職率は 31.5％に減少）。このような女性のキャリア中断は、すでに見た男女の賃金格差や昇進格差の主因でもある。それでは、なぜ日本の女性は出産後に仕事をやめるのだろうか。

　結論から述べると、それは家庭内の無償労働の負担がもっぱら既婚女性にのみ集中するという日本の社会システムに原因がある。無償労働とは「賃金が支払われない労働」のことであり、家庭内で行われる家事・育児・介護といった再生産労働は、無償労働の代表例である。日本の家庭ではこの無償労働がほとんど妻や母の負担になっており、国際的に見てもこの傾向は顕著である。

　たとえば 2021 年の OECD.Stat のデータによると、日本の 15 ～ 64歳の男性の無償労働時間は 1 日あたり平均 41 分で、これは 33 ヵ国中

で最も短い（ちなみに 33 ヵ国の平均は 1 日 132 分、最長のデンマークは 1 日 186 分）。総務省統計局の「社会生活基本調査（2021 年）」を見ても、日本の核家族の共働き夫婦の 1 日平均の家事関連時間（家事・育児・介護・看護・買物の合計）は夫 1 時間 1 分、妻 4 時間 58 分だが、この差は他の先進国と比べても大きい。また厚生労働省の「雇用均等基本調査」に示された 2022 年度の育児休業取得率も、女性の 80.2％に対して男性は 17.13％であり、「育児は母親の仕事」という社会通念の強固さが読みとれる。他の様々な国際比較調査からも、日本は家事・育児を母親の責任と考える傾向がとりわけ強いことが知られており、家庭領域におけるジェンダー規範の根深さが指摘されている。

4. ジェンダー平等に向けての日本の課題

（1）性別役割分業を前提とした労働慣行や社会制度の見直し

　ここまで確認してきたように、現代の日本にも多くのジェンダー問題が存在している。特に政治・経済領域における格差は深刻である。なぜ日本のジェンダー平等はなかなか進んでいかないのだろうか。ここで一つの大きな要因として挙げられるのは、男性稼ぎ主モデルという社会システムの存在である。男性稼ぎ主モデルとは、夫である男性が経済責任をメインで担い、妻である女性が家事・育児・介護など家庭内の無償労働を一手に引き受けるという性別役割分業の形を前提として、雇用や家庭生活といった社会全体の仕組みが成り立っていることを指す言葉である。

　現代日本の就業・労働面においては、無限定正社員と呼ばれる働き方の仕組みが、男性稼ぎ主モデルを最も良く体現している。無限定正社員とは、勤務地や勤務内容・勤務時間が明確でない働き方をする正社員のことで、長時間労働や残業、会社都合の突然の辞令による転勤などを「当たり前」として受け入れるような存在である。この無限定

正社員の働き方は日本独特のものであり、現代でも日本社会の標準となっている。日本人の長時間労働は、国際的にも有名だ。2021 年の OECD.Stat によれば、日本の 15 〜 64 歳の男性の賃金労働時間は 1 日あたり平均 452 分で、これは集計方法が異なるメキシコを除けば、OECD のなかで最長である。過労死を示す英単語が karoshi だという事実も、日本の労働環境の独特さを物語っている。

　ここで私たちが注目すべきなのは、こうした無限定正社員の働き方とは、家事や育児などの無償労働を誰か別の人間に丸投げしない限り、絶対に不可能な働き方だということである。だからこそ日本の家庭では家事・育児などの無償労働が、もっぱら既婚女性の負担となっているわけだ。そしてこれらの無償労働を一手に引き受けている日本の既婚女性の多くにとっては、当然ながら日本の無限定正社員の働き方は実現困難なものである。つまり無限定正社員とは、働き手を家庭に帰さない仕組みであると同時に、無償労働の担い手を労働市場から脱落させる効果をも有しているのだ。

　こうしたメカニズムによって男性稼ぎ主モデルを深く内在化させた社会とは、女性がヒラ社員以上の何かになるのが極めて困難な社会である。日本の管理職や政治家の女性比率の異様な低さ、賃金の男女格差、女性の非正規雇用比率の多さといった各種のジェンダー問題は、ジェンダー・イメージの意識のみならず、男性稼ぎ主モデルという社会的な仕組みによって引き起こされている部分も大きい。

　このように、日本では家庭内の性別役割分業を前提とした雇用・労働慣行が今も継続しており、それが女性の経済領域への参画を妨げている。これはつまり「平等な競争」のための前提条件がそもそも成立していないということになるので、明確な社会的不公正である。したがって今後の社会的対策の方向性としては、男性稼ぎ主モデルからの脱却が急務である。たとえば長時間労働や転勤条件といった無限定正社員の働き方の見直し、短時間勤務制度やフレックスタイムといった

柔軟な働き方の導入、男性を含めたすべての性別の人々が家事・育児をしながら働けるための制度づくり（育児休業や短時間勤務制度の拡充や改良など）といった、ワークライフバランスを重視した仕組みを、社会全体で作っていくことが重要だろう。

（2）家庭領域におけるジェンダー問題の根深さ

　公的領域におけるジェンダー格差が比較的問題化されやすい一方で、その大きな要因でもある家庭領域のジェンダー問題は、なかなか注目されにくい。しかし経済・政治領域のジェンダー問題は、家庭領域のジェンダー問題と分かち難く結びついている。「家事・育児はやっぱりお母さん」「一家の大黒柱はやっぱりお父さん」という社会意識や制度の根深さこそが、日本の男性稼ぎ主モデルを延命させ続けているのだ。また「母親は子育てを他人に任せてはダメだ」「子どもが生まれたら女性は家庭に入るべきだ」といった日本の母性神話の根深さも、母親が独りきりで行う「ワンオペ育児」や「ワンオペ家事」、仕事と家庭の二重負担といった形で、今でも日本の無償労働の負担を既婚女性に集中させている。そして女性が正社員として勤続できず、その経済力が弱いままだからこそ、雇用や賃金が不安定化した低成長期の現代においても、一家のメインの経済責任は男性に集中し続けている。これは経済的基盤が不安定な若年層の未婚化の主因でもあるし、長時間労働や過労といった健康被害にもつながっている。家庭領域の問題は「個人的なこと」だと思われがちだが、実際には極めて「社会的なこと」でもある。持続可能な社会のあり方を考えていくためには、家庭領域のあり方もそれに合わせて考え直していくことが必要かもしれない。

（3）性別二元論の抑圧性

　すでに述べたように、ジェンダーとは無限の多様性をもった個々人

を、無理やり「男らしさ／女らしさ」の性別二元論に押し込めてしまう点で、大きな抑圧をはらむものである。ここからくるセクシュアルマイノリティの社会的排除の問題についても、対策は急務である。たとえば公的書類の性別欄や、職場や学校における性別二元論的な制度の見直し、同性婚・パートナーシップ制度の法制化などといった様々な課題がある。

　いずれの論点についても共通していえることだが、ジェンダーとは社会が作る性別なので、ジェンダー問題とは社会が変われば解決可能な問題である。ジェンダー・センシティブな感性を身につけ、性別と社会的公正について考え続けていく必要がある。

引用・参考文献

厚生労働省「出生動向基本調査」（2015 年、2021 年）、「雇用均等基本調査」（2022年度）

世界経済フォーラム「Global Gender Gap Report 2023」

総務省統計局「社会生活基本調査」（2021 年）

内閣府男女共同参画局「男女共同参画白書」（2021 年）、「女性の政治参画マップ」「都道府県別全国女性の政治参画マップ」（2023 年）

文部科学省「学校基本調査」（2020 年度、2023 年度）

労働政策研究・研修機構「データブック国際労働比較」（2023 年）

OECD「Gender Wage Gap」（2022 年）、OECD.Stat「Time Use」（2021 年）

UN Women「Women in Politics」（2021 年）

森山至貴（2017）『LGBT を読みとく：クィア・スタディーズ入門』ちくま新書

瀬地山角（2020）『炎上 CM でよみとくジェンダー論』光文社新書

ディスカッション・ポイント

本章をふまえて考えてみましょう。

① 「男らしさ」や「女らしさ」についてのジェンダー・イメージ
　が社会的に作られていく場面について、身近な事例からあて
　はまるものを考えてみましょう。

② 内閣府のホームページに掲載されている最新版の『男女共
　同参画白書』（https://www.gender.go.jp/about_danjo/
　whitepaper/index.html）などを参考に、現代日本における
　ジェンダー問題について、具体的なデータから現状と課題を
　考えてみましょう。

③ 低成長が続く現代の日本において、多くの人にとって実現可
　能な家庭のもち方とはどんなものなのか、考えてみてくださ
　い。

④ 政治や経済領域における女性の参画を進めていくために、日
　本社会全体としてはどのような課題を克服し、どのような対
　策をとっていく必要があるでしょうか。

読書案内

著者	伊藤公雄、樹村みのり、國信潤子 著	出版年	2019	出版社	有斐閣
タイトル	『男性学・女性学──ジェンダー論入門（第 3 版)』				

‣ 本書は初学者を対象としたジェンダー論の入門書である。恋愛・家族・労働など身近な話題から、男女共同参画社会の課題まで、わかりやすく解説している。

著者	瀬地山角 著	出版年	2020	出版社	光文社新書
タイトル	『炎上 CM でよみとくジェンダー論』				

‣ 本書は身の周りのメディアを事例に、現代日本社会にも根深く浸透しているジェンダーの固定観念とその問題点を、ユーモアも交えながら解説している。

著者	総合女性史学会編	出版年	2021	出版社	岩波書店
タイトル	『ジェンダー分析で学ぶ女性史入門』				

‣ ジェンダーの視点を入れたうえで歴史を見てみたら、今までの固定観念がどんどん取り払われていく。ジェンダー分析のおもしろさを実感させてくれる良書である。

第3章

公衆衛生
—— 「誰一人取り残さない」ことの困難と挑戦

平体由美

本章のキーワード

公衆衛生　母子衛生　顧みられない熱帯病
グローバル・ヘルス・ガバナンス

本章のテーマに関連する主要な SDGs 目標

貧困を なくそう	飢餓を ゼロに	すべての人に 健康と福祉を	質の高い教育を みんなに	ジェンダー平等を 実現しよう	安全な水とトイレ を世界中に
エネルギーを みんなに そしてクリーンに	働きがいも 経済成長も	産業と技術革新の 基盤を作ろう	人や国の不平等 をなくそう	住み続けられる まちづくりを	つくる責任 つかう責任
気候変動に 具体的な対策を	海の豊かさを 守ろう	陸の豊かさも 守ろう	平和と公正さを すべての人に	パートナーシップで 目標を達成しよう	

1. 総説

　20世紀末の20年余り、感染症はいわゆる開発途上国(以下、途上国)の問題であり、先進国であればコントロールは容易という漠然とした印象があった。しかし世紀転換期にはエイズや重症急性呼吸器症候群(SARS)といった新興感染症が先進国に繰り返し脅威をもたらし、2019年末には新型コロナウィルス感染症(COVID-19)が世界の経済や人の動きに大きな影響を及ぼした。問題は感染症に留まらない。先進国ではがんや心臓病のリスクは高く、精神疾患なども健康上の大きな問題として立ちはだかっている。「持続可能な開発目標」SDGsの目標3は、すべての人が健康的な生活を送れるようにすることと規定している。病気を防ぎ、治療し、健康を維持するためには、様々な機構——医療、公衆衛生、貧困対策、環境対策、教育、そして地域・国家・国際社会の連携協力ネットワーク——が必要である。これらのどれ一つが欠けても、「誰一人取り残さない」健康対策は不可能である。先進国の住民が、健康政策を途上国の自己責任として放置していては、重篤な感染症が世界に拡散することを防げない。また、先進国の行動が引き起こす環境・気候変動により、途上国の住民に健康被害をもたらしている責任もある。SDGsの健康対策は、すべての国と地域が連携してはじめて可能になる。本章では、健康維持の機構の一つである公衆衛生の特徴を概観したうえで、母子衛生と風土病コントロールに焦点をあて、地域の努力と国際協力について解説する。

2. 公衆衛生とはどのように機能しているのか

　そもそも公衆衛生とは何か。医療とどう違うのか。どちらもかなりの程度重なっているが、医療は個人の疾病や傷害を治療するのが主要

な目的であるのに対し、公衆衛生は「公衆 public」つまり特定の範囲に居住する集団の防疫と健康維持を目的とする。イギリスの医学史家ウィリアム・バイナムはこれを「共同体の医学」と呼ぶ。地域の住民の健康を集合的に改善することが公衆衛生の目的であるため、場合によっては個人に不利益が及ぶこともありうる。たとえば行動制限はその一例であり、予防接種の強い副反応は別の例として挙げられる。全体の利益のために個人の利益が部分的に侵害されるのをやむを得ないものとして受け入れるのは、安全保障と似た部分がある。また、公衆衛生は地域の住民の一部を無視することはできない。外国人だから、素行が悪いから、地域に貢献していないからなどという理由で疾病対策を怠れば、そこから感染症が広がる危険性がある。地域住民の全般的な健康維持という大きな目的のため、個別の不審は抑制し、個人の不利益を全体で保護しながら対応するのが、公衆衛生の特徴なのである。

　公衆衛生で重要になるのが第一に「数えること」である。その地域（たとえば都道府県や市町村）に何歳の人が何人居住しているか、その地域にどのような病気がどのくらいの件数発生しているのか、その病気は増えているのか減っているのか、病院や病床はどれだけあるのか、何％の住民が予防接種を受けたか、これらは他の地域と比べて多いのか少ないのか。これらの数字を適切に数えるためには、まず市役所や保健所などの行政機関が必要であり、次に充分な予算とスタッフが確保されていなければならない。これは途上国の農村地帯や山岳地帯では、いまだに整備が進んでいない。そのためこれらの地域では、感染症の発症数や必要なワクチンの数を把握できていない。これは先進国でも起こりうる問題である。保健所などの公衆衛生機構が整備されている先進国であっても、「数えること」がいかに難しいかがCOVID-19 で明らかにされた。しかし状況に応じて適切な対策をとるためには、可能な限り数字を把握していなければならない。

公衆衛生の第二の要素としては「健康教育をすること」が挙げられる。これは地域住民に、健康維持と発症抑制のための適切な行動をとるように促すことである。マスクの着用や手洗い、禁煙、適切な運動、バランスのとれた栄養摂取などの日常的行為から、がん検診や歯科検診などの推奨、感染症を防ぐための対策など、健康維持への具体的な方法を私たちは教育されている。これは保健所による講習会やポスターだけでなく、妊産婦を対象とする母親教室、学校における健康診断と保健の授業、職場であれば労働衛生の制度整備などがそれぞれの役割を担っている。もちろんテレビや新聞、インターネット、口コミなどの役割はかなり大きい。一方で、これらのメディアは誤った、もしくは誤解をまねくメッセージを発する場合もある。住民個々の行動が共同体の健康レベルを大きく左右するが、現実には住民に適切な健康情報を行きわたらせ、行動を変容させるのはかなり困難である。

　公衆衛生の第三の要素は「行動制限を行うこと」である。これは緊急性の高い時のみ発動されるもので、内容としては検疫や隔離などがある。日本でも2020年のCOVID-19の際には緊急事態宣言が発出され、外出や移動が制限された。

　以上の三要素を適宜運用し、必要な時に必要な措置をとるためには、公衆衛生機構が必要である。機構を構成するものとしては、たとえば厚生労働省、保健所、市区町村の役所、衛生研究所、大学などの研究機関、病院などがある。健康診断で異常が見つかったら病院にかかるよう促す。新しい感染症の脅威が発生したら、国際的な監視システムがそれぞれの国に注意喚起する。大学や研究所において発見された病気の情報を、保健政策に適切に反映させる。感染症以外にも、生活習慣病や精神病に関する研究は日々更新されている。これらも公共政策に適切に反映されなければならない。そのためには医学・精神医学・疫学・薬学の専門家、政策決定者、行政担当者の間のコミュニケーションと意思決定、そして実行するための機構が必要であり、同時にその

機構を維持するための予算が欠かせない。

　ざっと見ただけでも、公衆衛生は様々な分野が関連しつつ動いていることがわかる。しかし途上国では公衆衛生の機構を作りあげることに苦心する。なぜなら、様々な行政課題——数を数える、行動変容を促す、制度化する——をコーディネートする仕組みや予算に限りがあるからである。逆に先進国では、一旦作りあげた公衆衛生機構を維持することに苦心している。それは公衆衛生が効果を上げれば上げるほど、つまり感染症コントロールがうまくいき人々の健康不安が小さくなるほど、住民にとってその大切さが見えなくなるという矛盾した構造のもとにあるからである。それゆえ、「無駄」を排する政治の動きによって、公衆衛生機構は予算やスタッフが削減されることがある。このように、先進国にも途上国にもそれぞれの困難がある。これらを産業界や民間財団、NPO などを含めた国際協力によって支えあう動きをグローバル・ヘルス・ガバナンスという。

　それでは「誰一人取り残さない」という SDGs の目標に対して、現在の公衆衛生には、具体的にどのような課題があり、いかなる努力がなされているのだろうか。ここでは母子衛生と風土病に関する国際協力に焦点をあてて検討する。

3. 乳児死亡率を下げるために
——母子衛生の取り組み

　生まれたばかりの乳児は弱い存在である。乳児の死因には、先天奇形と染色体異常の他、早産に伴う合併症、肺炎などの呼吸器症状、下痢、マラリアなどがある。現代の日本では、乳児死亡が 1,000 人あたり 1.8 人（2020 年）と、世界有数の低死亡率を記録している。そんな日本でも、明治から大正にかけては 1,000 人あたり 150 人以上が死亡していた。昭和に入り、経済の発展に伴って乳児死亡率は次第に下

がってきた。第二次世界大戦中にはかなり上がったと考えられるが、1944年から46年の統計は存在しないので正確なところはわからない。戦後、復興が進むにつれて乳児死亡率は急激に下がった。1952年にはその数字がはじめて50を下回ったことで、厚生省（当時）をはじめとする公衆衛生関係者は喜びの声をあげた。一方で、現代でも世界では乳児死亡率が高く推移している国々がある。スタティスティカのデータによると、2023年にはアフガニスタンで103、ソマリアと中央アフリカ共和国では80を超えている。乳児死亡率の高い国は、戦闘を繰り返していたり、政情が不安定だったりと、政府が公衆衛生機構を適切に運営していないという特徴がある。

　乳児死亡率は、その社会の経済状況、栄養状態、女性の地位、公衆衛生機構や医療サービスの充実度に大きく左右される。以下に、その状況を解説しよう。

(1) 母と乳児を取り巻く環境

　貧困は乳児死亡率を引き上げる。個人が貧困に陥る原因は様々あるが、大局的には経済状況が影響する。貧困状態は妊産婦や乳児の健康に直接的な影響を及ぼす。たとえば妊娠した女性が出産間際まで長時間働かざるを得なければ、本人の健康と胎児の発育に影響する。妊婦や出産直後の女性が充分な栄養をとれなければ、胎児の発育だけでなく、出生後の乳児の体重増加を阻害する。さらに社会が全般的に貧困となれば、親が出生後の乳児の保育に適切な対応をとれなくなるだけでなく、福祉政策や上下水道の整備など社会のサポート力も低下する。多くの人々を貧困に陥らせる経済の停滞は、体力的・精神的な弱者に社会のひずみを集中させる。その最も弱い存在が乳児なのである。

　女性の社会的地位も乳児死亡率を左右する。女子児童の教育に消極的な社会では、概して女性の識字率が低く、科学的な情報をうまく取り入れることができない。そのため女性たちは、妊娠・出産・育児そ

れぞれの局面で諸注意を記したパンフレットを受け取ったとしても、理解することができず適切な行動がとれないままとなる。先進国では夫が育児に果たす役割は増えてきているが、世界的にみれば出産と育児を女性の役割とする地域が多い。女性の教育レベルは、妊産婦本人だけでなく、周囲でその人をサポートする人たち、たとえば親族や近隣の女性たちの行動にも反映する。そのため、周囲の人たちが出産や育児に際して科学的には有害となるアドバイスをしてくるリスクがある。その社会に伝統的な出産・育児方法——まじないや祈祷など——は、地域住民の絆を強化し伝統を継承する役割はあるが、妊産婦と乳幼児にとって安全とは限らない。その意味で、男性だけでなく女性が適切な教育を受けることは、乳幼児の健康と発達に大きな影響を及ぼすのである。

　また、女性の社会的地位が低いところでは、教育以外にも乳児死亡率に影響を及ぼす要素がある。たとえば、妊婦だけでなく出産したばかりの女性にも他の女性と同様の働きを期待した結果、母子ともに健康を害する例がある。家制度が色濃く残っていた終戦直後の日本の農村部では、産前産後の女性は嫁として通常の農作業と家事が課されるのが一般的だった。また終戦直後の食糧難のなかで、家族は父親と息子の食事を優先した。これらが母親の健康と母乳の出方に影響し、乳児の成長を悪化させた。これは現代の日本ではほとんど見られないが、世界ではまだ似たような形で存在している。さらに児童婚、つまり11、2歳の少女が結婚を強要される社会では、最初の妊娠時にはまだ身体が成熟していないため、母子ともに命を落とす例が少なくない。

　このように乳児を取り巻く社会環境は、もともと危ういものがある。医療、保健所、そして福祉などの社会サービスは、社会環境がもたらすひずみを多少なりとも是正することができる。たとえば貧困救済制度は日々の生活を安定させ、栄養摂取状況を改善させる効果がある。保育所は母親の就労を可能にするだけでなく、乳児や幼児の発育を

チェックしたり、子どもの安全を確保したりすることができる。しかし、乳児死亡率の高い国や地域では、この保健・福祉機構がうまく働かないか、ほとんど存在しない。戦争や内戦状態にある国や政情が不安定な国では乳児死亡率が高いが、これは乳児とその家族が戦闘の直接の被害を受けるだけでなく、必要なときに医者にかかれない、安全な水や食料が確保できない、清潔で快適な住環境を準備できない、保健所による予防接種や福祉機関によるミルク支給などのサポートを受けられないといった、長期にわたる負の影響を受けるからである。比較的安定した国においても、財政難を理由に保健・福祉機構が縮小されれば、貧困家庭に生まれた乳児へのサポートは低下する。

　乳児死亡率は、その国と地域の経済状況、教育、医療、安全、女性の地位、ガバナンスを反映する指標である。これは、先進国と途上国の間に大きな違いがあるだけでなく、先進国の内部にも比較的高い地域と低い地域がある。米国疾病予防管理センターの統計によると、アメリカは国としての乳児死亡率は1,000人あたり5.6（2022年）と、先進国としては高い。さらに、アメリカの低所得地域では、途上国よりは格段に低いものの、アメリカの他の地域と比べて明らかに乳児死亡率が高い。たとえばミシシッピ州の9.11という数字は、アルゼンチンやグレナダと同程度である。アーカンソー州やジョージア州も高い。これは貧困、低学歴、ドラッグなどの影響に加え、医療保険に加入しにくいために病院にかかれない、保健所の介入を嫌がる、ワクチンを敬遠するなどの事情が複合的に絡みあっているためである。国家の医療水準が高くとも、それだけで乳児死亡率が下がるわけではない。乳児死亡率の高さは、社会の様々な要素が関連しているのである。

(2) 妊産婦教育と母子健康手帳

　子どもは生まれる地域を選べない。たまたま日本に生まれた子どもは、1,000人中998人が最初の一年を生きのび、平均すると80歳超ま

で生きる可能性が高い。しかし、偶然ソマリアに生まれると、最初の一年を生き延びるのは 1,000 人中 915 人、平均寿命は 56.1 歳である（2022 年）。

SDGs 目標 3 を掲げる世界保健機関（World Health Organization: WHO）は、2030 年までに世界の乳児死亡率を少なくとも 1,000 人中 12 人まで引き下げるという目標を設定した。そのためには各国の努力が必要なのはいうまでもない。加えて、子どもを「誰一人取り残さない」ために、多角的な国際協力が欠かせない。安全保障や戦争・内戦の終結と国内統治の安定化はもとより、清潔な水を供給するための上下水道整備や、安定した食料生産、ワクチン供給、医療・公衆衛生従事者の訓練など、様々な支援が求められる。それに加えて、住民の行動変容を促すための、より生活に密着した支援も必要である。しかし、それぞれの国や地域には、それぞれの社会制度や伝統がある。宗教的あるいは伝統的な価値観によって定められている女性の社会的地位を、短期間で変革するのは難しい。また、そのような地域が女子の中・高等教育を積極的に進めるとは考えにくい。実際、女子に基本的な読み書き算数以上の教育をほどこさない国や地域がある。国際社会が声をあげても、地域社会がそれに反発する例は多い。そして何よりも、統計を整備し健康教育を行う保健機構をその国や地域が持続的に運営しなければ、公衆衛生の改善は一時的なものに終わってしまう危険性がある。

この問題にアプローチするための一助として、日本の経験を振り返ってみよう。先に述べたように、現代の日本は世界で最も乳児死亡率の低い国の一つである。しかし第二次世界大戦の終戦直後はかなり高かったはずである。それが戦後、統計がとられ始めた 1947 年には 1,000 人あたり 76.7 人、1950 年に 60.1 人、1955 年にはほぼ 40 人まで下がっている。終戦直後の食糧難と住宅不足は 1950 年までにはそれなりに解消したものの、貧困はまだ蔓延しており、栄養バランスが大

幅に改善されたわけではなかった。国民皆保険制度はまだできておらず、医療へのアクセスは限られていた。予防接種の影響もこの段階では限定的だった。1948年の予防接種法で天然痘や腸チフスなど12種のワクチンが義務化されたが、乳幼児の命に関わるジフテリアや百日咳の発症件数が減り始めるのは1960年代に入ってからだった。となると、なぜ乳児死亡率は終戦後から50年代半ばにかけて低下したのか。

　戦争の終結と復興という社会経済的安定はもちろんいい影響を与えただろうが、ここでは母親への健康教育に注目したい。GHQが全国で再編成した保健所は、地域衛生対策や結核対策とともに、母子衛生に力を注いだ。自治体の保健所では妊産婦を対象に、母乳の重要性や沐浴の仕方、適切なおむつのつけ方、乳児の発育の目安、医者にかかるべき症状について講習を行なった。地域によっては、地元で手に入りやすい食材を使って母乳を出やすくする料理の作り方も紹介した。講習会に参加した女性たちにはミルクの配給券が配られたため、栄養不足と重労働で母乳の出にくい女性たちはこぞって参加した。保健所から遠い地域に住んでいる人々には、保健師や助産師が近くの公民館などに出向き、講習会を開催した。農村地域では訪問看護師が各戸を訪問し、母親の相談にのり、育児の助言をし、乳児の健康診断を行なった。これらの働きにより、若い母親の育児、衛生、栄養の知識は向上していったと考えられる。「嫁」として夫の父母のやり方に従うことが当然とされていた若い母親は、保健師や助産師の後ろ盾を得て、それぞれの家庭で目新しい食事のメニューや新しい育児方法を試すことができただろう。

　また、妊産婦手帳の配布と記録の習慣化も、地味ながらも成果をあげたと考えられる。妊産婦手帳は、もともと戦時中の配給の優先権を証明するため1942年に始まったものである。これは乳幼児体力手帳とともに1948年に母子健康手帳として再編され、産前産後の母親の

【図表 3-1】 海外の母子健康手帳

写真提供：今村健志朗／JICA

健康状態と、乳児の出生時の身長体重、その後の発達、予防接種歴、検診歴などをまとめて記録することになった。記録を通して親は子どもの発育に気を配るようになり、また検診への意識を高めることとなった。母子健康手帳には育児の方法や注意すべき点がまとめられており、多くの母親がそこから科学的な育児方法を学んだ。加えて、心配事が起きたときの連絡先一覧も記されていた。乳児を診察する医師にとっては、出生前後の母子の状況が記されている母子健康手帳は重要な情報となった。

　このような母親に向けての対策は、経済の安定に伴う食糧事情の改善や住宅の整備、そして公衆衛生機構の核となった保健所の働きと相まって、乳児死亡率を引き下げる効果をもたらした。母親への育児・健康教育は、医療を整備することと比べて格段に安上がりである。そして、母親とその他家族の行動変容を促し、子だけでなく家族全体の健康を維持していく。結果としてそれは、個人と政府の医療費負担を下げる効果ももたらすとともに、労働し価値を生み出す個人を創出す

る。

　戦後日本の経験は、リソースが限られている現代の途上国の公衆衛
生対策に参考になりうる。実際に、独立行政法人国際協力機構（Japan
International Cooperation Agency: JICA）は母子健康手帳の導入に向け
て 30 以上の国で支援を行なっている。これは日本の母子健康手帳
の役割を知ったインドネシアの医師アンドリアンサ・アリフィンが、
1990 年代にインドネシアでも同様の手帳を採用すべく働きかけを始
め、JICA がそれを支援したことから始まった。各国で提案される母
子手帳は、それぞれの国の文化や状況に合わせて、盛り込むべき内容
の調整、多言語での説明、識字率の低さに合わせたイラストを多用す
るなど配慮されており、現地との綿密な協力関係が機能していること
がうかがわれる。当然ながら、一度は導入したものの継続しなかった
国もある。公衆衛生の機構化が進んでいなければ、母子健康手帳の効
果的な活用は難しい。それでも母親と家族の健康教育と育児の意識改
善に、母子健康手帳は貢献している。インドネシアの医師に気づかさ
れたように、おそらくは母子健康手帳以外にも日本が貢献できる方法
はあるだろう。その掘り起しはこれからも続いていく。

　俯瞰するならば、母子衛生は地域住民全体の健康改善に寄与するも
のである。本節で述べたように、社会の最も弱い集団を守るために行
われる対策は、めぐりめぐって全体に波及する。母子衛生は地域社会
の現状に合わせた対策が必須である。外からの一方的な押しつけでは
なく、地域のニーズに配慮しながらパートナーシップを維持すること
が、乳児死亡率を引き下げることにつながるのである。

4.　風土病との闘い——顧みられない熱帯病を中心に

　前節で見たように、一つの目標への対処は、他の目標の実現にも寄
与する。乳児死亡率を引き下げるための対策は、母親や家族、周囲の

住民の健康レベルを引き上げるだけでなく、教育、環境、経済、労働、ジェンダー問題、産学官民パートナーシップなどを改善していく。しかし、重要性は理解しても現実化にはなかなか至らない。そこには、伝統や慣習が新しい試みを阻害したり、経済的利益にならない案件を放置したり、世論が関心を示さなかったりなど、様々なハードルが存在している。SDGs とはこれらを意識的に動かしていくための国際的な試みである。

　本節では、風土病への取り組みを通して、健康と環境に関する住民の理解の促進と、国際パートナーシップについて解説する。感染症、とりわけ新興感染症についての国際パートナーシップは、すでにある程度確立されている。そのため COVID-19 への対応にあたっては、WHO、各国の政府や研究機関、医療現場、医薬品製造業者、そして各種民間団体の連携が素早く行われた。これは 19 世紀以来、コレラや黄熱病、インフルエンザなどの感染症に対応するために積み重ねられてきた努力の結果である。一方、風土病はそのような国際パートナーシップを作りあげるほどのインパクトは与えてこなかったのが現実である。そもそも風土病とは何か。どのような対策がなされてきたのか。

(1) 風土病の制圧——日本のマラリア対策

　風土病とは、ある特定の地域に昔から定着している病気のことである。風土病は、その土地の気候や環境とそこに暮らす人々の生活習慣や考え方が複雑に組み合わさった結果、繰り返し発生し続ける。そのため風土病を減少させるには、人々の行動変容が必要であると同時に、環境にも介入しなければならないという難しさがある。

　マラリアは現代の日本ではほとんど問題にならないが、実は 1950 年代まで日本の各地で発生した病気であった。マラリアといえば熱帯の病気というイメージがあるかもしれないが、かつては北海道でも発生していた記録がある。マラリア原虫を媒介する蚊が生息できる環境

ならば、どこでも発生する可能性がある。このときのマラリアは、第二次世界大戦終戦直後に外国から引き揚げてきたマラリア罹患者が国内に広めたものが主であった。ところが滋賀県には以前からマラリアが常在していた。彦根市周辺では2、3日ほど「おこり（マラリアによる高熱）」にかからないと夏を越せないといわれていたように、マラリアはまさに風土病であった。

　マラリアは、感染者の血を吸った蚊が別の誰かを再び刺すことで原虫が感染し発症する。つまり、感染者と蚊のどちらかが消滅すればマラリアは制圧できる。彦根市において占領中の1949年に本格的に開始されたマラリア対策は、住民に対する健康教育、感染者の治療、そして蚊のコントロールからなるものだった。健康教育としては、小中学校での保健の授業と、成人向けの講演会や映画鑑賞会が行われた。住民にとっては「おこり」は夏の風物詩だったが、それが治療と予防が可能な「病気」であると周知を試みた。住民は「おこり」を単なる体調不良と認識していたため、感染者を発見することは困難だった。いぶかる住民を説得し、血液検査によって感染者を特定し、抗マラリア薬を投与する地道な作業が続けられた。蚊のコントロールには占領軍が殺虫剤（DDT）を提供し、屋内外で散布が行われた。さらにボウフラの発生を食い止めるために、大規模なところでは彦根城の外濠の埋め立てを実施し、小規模には家屋の周囲にあるバケツや空缶の溜水の排水を呼びかけた。医師からの強い働きかけと健康教育や地域ごとの排水対策などにより、住民の意識と行動の変容が実現し、また蚊の発生しやすい環境を変化させたことによって、彦根市のマラリアは6年で制圧に成功した。

　ただし、この取り組みをすべての住民が支持したわけではない。抗マラリア薬は不完全なもので、人によって効果が異なっただけでなく、吐き気やめまいなどの副作用も強かった。そのため住民から不満の声があがった。また、彦根城の外濠埋め立ては、地域の歴史を踏みにじ

るものと受け止められた。さらに、殺虫に使用された DDT は、後に
有害性が指摘されたことで人々の不安を高めることになった。最終的
にはマラリア制圧は達成され、マラリアに関する住民の記憶も薄れて
いったが、結果次第では大きな反発となったことだろう。

　風土病対策は困難を極める。そもそも環境に介入することは難しい。
人類の健康に最も脅威を与えてきた生物は蚊である。蚊はマラリア以
外にもデング熱、ジカ熱、日本脳炎などの重症化する可能性のある病
気を媒介する。しかし人工的に環境を変えても蚊を消滅させることは
おそらく不可能である。可能な限り蚊の発生を減らし、刺されないよ
うに注意する他はない。住民の健康教育も容易ではない。それまでの
理解や習慣を変えるには、外からの強力な介入と、住民が納得する理
由が必要である。しかも、人は納得したからといって行動を変えると
は限らない。短期間で結果を出せれば住民は支持するかもしれない
が、時間がかかれば反発は強まる。風土病制圧には、長期間にわたる
対策を実行するための地域の公衆衛生機構が不可欠である。日本の場
合は保健所が厚生労働省の指示にしたがって対策するルートが確立し
ている。これが機能しない地域ではどうなるだろうか。

(2) 顧みられない熱帯病

　現在、風土病が多く見られるのは熱帯と亜熱帯の国々である。約
20 億人の人々が風土病のリスクのもとで生活している。そのうち 10
億人を超える住民がマラリア、リンパ系フィラリア症、住血吸虫症、
トラコーマなどに感染して体力が低下し、大人の場合は思うように働
けなかったり家事が滞ったり、子どもの場合は発育と発達が遅れたり
する。また失明や皮膚疾患により差別をうけることもしばしばである。
これらの病気の多くはハエや蚊、動物によって感染する。しかし住民
の多くは貧困が原因で医療にかかれなかったり、教育の問題から治療
可能な病気であるとの認識がなかったり、衛生対策を実行する行政機

構が不充分だったり予算がなかったりなどで、対策はなかなか進まなかった。すぐに命に関わる問題ではないことが、課題への取り組みを後回しにする要因になったと考えられる。

　先進国は、急性感染症には様々な支援と協力を行なったが、風土病についてはほとんど顧みることがなかった。これは、風土病の多くが急性症状を伴わないこと、先進国の住民に感染するリスクが小さいこと、そして現地の貧困層住民や医療関係者が治療薬と診断ツールを購入するのが難しいため、先進国の製薬会社が積極的に研究開発に取り組まなかったことが原因だった。期待できない経済的利益、世論の関心の低さ、パートナーシップ不在の問題が複合的に絡まって、風土病は事実上放置されてきた。

　この問題は 1997 年のデンバー G8 サミットにおいて、橋本龍太郎首相が日本の寄生虫対策の経験を国際的に共有する旨を発表したことをきっかけに、橋本イニシアティブとして取り組みが始まった。その後、これらの病気を総称して「顧みられない熱帯病」とし、2006 年に WHO が対策チームを立ち上げ、数々の活動やロードマップの作製を経て 2015 年の SDGs 目標のなかに組み込まれた。2021 年現在、20 種類の病気が「顧みられない熱帯病」と位置づけられ、研究機関による調査研究、製薬会社による支援、NGO や NPO による現地住民への支援と環境衛生対策支援、寄付金集め、現地公衆衛生機構の立ち上げとスタッフ養成支援といったグローバル・ヘルス・ガバナンスの取り組みが進行している。

　産学官民の国際パートナーシップが機能して、「顧みられない熱帯病」は現在、多くの国々で減少に転じている。WHO によれば、2020 年までに 42 ヵ国が少なくとも一種類の「顧みられない熱帯病」を制圧し、リンパ系フィラリア症感染者数は 2000 年から 74% 削減（2 億人弱から 5,100 万人へ）された。住血吸虫症は 2019 年に 2 億 3,000 万人超が感染したが、そのうち 1 億人以上が何らかの治療を受けた。国

際協力によって、診断と治療薬の提供や、ベクター（蚊やハエ、住血吸虫など）の削減が可能なことが証明されたといえる。一つの風土病への対策は、母子衛生と同様、様々な分野に影響を及ぼす。蚊を減らす対策に本格的に取り組めば、マラリアの他、デング熱、リンパ系フィラリア症、アフリカ眠り病など複数の「顧みられない熱帯病」を減少させることができるだけでなく、殺虫剤や防虫スプレー、網戸などの生産を促し、雇用を生み出す。また、家屋周辺の溜水の排水などに気を配ることは、ボウフラ対策になるだけでなく、家屋衛生についての住民の意識を高めることになる。そして健康を回復した人々は、労働を通して貧困から脱却することができる。これらの取り組みは、国際パートナーシップにより進められたプログラムが、地域社会の自律的な対応へと変化していくことで、息の長い対策として定着していくことが想定されている。

　しかしながら、2019年末から世界的に感染が拡大したCOVID-19により、支援者が途上国に移動できない、寄付金が集まりにくい、医療・公衆衛生関係者がCOVID-19への対処に忙殺されるなどの影響が、「顧みられない熱帯病」対策を直撃している。SDGsは国際協力を進展させるとともに、それぞれの地域がローカルな事情に合わせた対策を自前で運用できるようにすることを目的としている。COVID-19は当該地域の自立的対策——健康教育、医療と公衆衛生機構の整備、ベクターコントロール、独自財源の開拓——の重要性をますます高めたといえる。

おわりに

　公衆衛生はSDGs目標3「あらゆる年齢のすべての人々の健康的な生活を確保し、福祉を促進する」を実現するだけでなく、複数の目標にも連動する重要な取り組みである。働ける健康な身体をもつことが

できるなら、貧困から脱却する可能性が広がる。健康な身体を保持するためには、平和の実現、教育の浸透、ジェンダー平等、医療への平等なアクセス、安全な水や食料の確保が重要である。ベクターから身を守るためには、環境を適切に守らなければならない。地球温暖化を食い止めることは、熱帯と亜熱帯に位置する国々が直面する「顧みられない熱帯病」を、他の地域に広がることを食い止める。

　健康への権利は1948年の世界人権宣言に記されて以来、守るべき人権の一つとして徐々に認識されるようになった。グローバル・ヘルス・ガバナンスはそれを実現するための国際社会の試みである。とはいえ途はまだ半ばである。安全への権利と同様、健康への権利も顧みられない、あるいは顧みることができない国や地域が存在する。一方で、健康への権利を追求するあまり、個人の自由や選択が否定される懸念が発生している問題もある。地域の健康を増進するために、その住民の一部が不利益——たとえばワクチンの被害——を被ることはどこまで許されるべきだろうか。本章では触れなかった生活習慣病であれば、たとえば糖尿病を減らすために個人の行動はどこまで管理されるべきだろうか。公衆衛生は、これらの問題をそれぞれの局面で考え続けていかなければならない。

　公衆衛生が取り組まなければならない課題は数多く、どれも複雑な対応を迫られる。人がどの地域のどの家庭に生まれるかは、運によって決まる。たとえどこに生まれたとしても、自己実現が可能な条件を満たすこと、もしくは満たすように努力することが、持続可能な社会を実現していくこととなる。

ディスカッション・ポイント

本章をふまえて考えてみましょう。

① 先進国と途上国ではワクチンの入手しやすさが異なります。なぜ異なるのでしょうか。先進国は途上国がワクチンを入手するための援助をするべきでしょうか。

② 地球温暖化が進行すると、日本でどのような感染症が増えることが予想されますか。温暖化を食い止める以外にどのような対処が可能でしょうか。

③ 「健康教育」を受けたとしても、人は教わったとおり行動するとは限りません。そもそも人は自分の意に反して健康であることを強制されるべきでしょうか。ワクチン、肥満、禁酒など具体例を挙げて検討しましょう。

読書案内

著者	託摩佳代 著	出版年	2020	出版社	中公新書
タイトル	『人類と病──国際政治から見る感染症と健康格差』				

▸ 人類を苦しめてきた様々な感染症についてどのような対応がなされてきたか、現場の医療者のみならず、国際協力の視点からも検討する。このテーマをざっくり知るならまずこれ。

著者	平体由美 著	出版年	2023	出版社	ちくま新書
タイトル	『病が分断するアメリカ──公衆衛生と「自由」のジレンマ』				

▸ 自由と公衆衛生は対立することが多い。COVID-19下のアメリカでどのような論争が沸き起こったのかを、歴史的な文脈から解説する。

著者	中村安秀 編著	出版年	2018	出版社	杏林書院
タイトル	『地域保健の原点を探る──戦後日本の事例から学ぶプライマリヘルスケア』				

▸ 戦後日本の結核対策や母子保健、開拓保健婦など、具体例を通して地域保健の課題を解説するとともに、貧困下の対応を再評価することで国際協力への足掛かりとする。

第4章

自然災害と持続可能な社会づくり

桜井愛子

本章のキーワード

脆弱性　災害リスク削減　より良い復興
災害レジリエンス　ESD

本章のテーマに関連する主要な SDGs 目標

貧困を なくそう	飢餓を ゼロに	すべての人に 健康と福祉を	質の高い教育を みんなに	ジェンダー平等を 実現しよう	安全な水とトイレ を世界中に
エネルギーを みんなに そしてクリーンに	働きがいも 経済成長も	産業と技術革新の 基盤を作ろう	人や国の不平等 をなくそう	住み続けられる まちづくりを	つくる責任 つかう責任
気候変動に 具体的な対策を	海の豊かさを 守ろう	陸の豊かさも 守ろう	平和と公正さを すべての人に	パートナーシップで 目標を達成しよう	

1. 総説

　日本は地震、台風、大雨、洪水、土砂崩れ、火山噴火などの多様な自然災害が多く発生する国である。2011年の東日本大震災以降も、2016年の熊本地震、2018年の大阪北部地震、北海道胆振東部地震と、震度6以上を記録する地震災害は続いている。また、気候変動による影響もあり、毎年のように台風や前線性の大雨により日本各地で風水害が発生している。日本だけでなく世界でも自然災害は多発し、その規模や被害の程度は激しさを増している。

　自然災害の発生は、持続可能な開発に対する大きな課題の一つである。自然災害により一旦大きな被害が生じると、その国・地域の経済や社会の発展に著しい遅れが生じてしまう。そこでSDGsでは災害について、複数のゴールとターゲットで言及している。災害は、世界でもより貧しく脆弱な状況にある人々により一層深刻な影響を及ぼしており、目標1ではこれらの人々の強靭性（レジリエンス）を構築している（ターゲット1.5）。目標2では飢餓を終わらせるために、気候変動や極端な気象現象、干ばつ、洪水、その他の災害に対する適応能力を向上させ、持続可能な食料生産システムを確保し、強靭（レジリエント）な農業の実践を掲げている（ターゲット2.4）。そして、目標11では住み続けられるまちづくりを目指し、貧困層及び脆弱な立場にある人々の保護に焦点をあてながら、特に水関連の災害による死者や被災者数、経済的損失を大幅に減らすことを目指している（ターゲット11.5）。またSDGsは2020年以降の温室効果ガス排出削減などのために2015年に合意されたパリ協定と連携し、目標13ではすべての国々において、気候関連の災害や自然災害に対するレジリエンス及び適応力を強化し（ターゲット13.1）、そのために教育、啓発活動を通じて、人的能力を高めていくよう促している（ターゲット13.3）。

本章では、まず自然災害についての基礎知識を整理し、これらをふまえて日本と世界の自然災害と災害への対応について広く理解する。さらに、「より良い復興」についての国際比較により、復興を通じた持続可能な社会づくりについて検討する。

2.　自然災害と防災

(1)　自然現象と自然災害

　自然災害が発生したときほど、自然と人間・社会との関係を考えさせられる機会はない。「自然災害」という四字熟語は、自然と人間の関わりを表している。日本の防災に関する基本法である災害対策基本法（第2条）には、「暴風、竜巻、豪雨、豪雪、洪水、崖崩れ、土石流、高潮、地震、津波、噴火、地滑りその他の異常な自然現象」によって被害を生じる現象を災害としている。ここでは、自然の振る舞いとしての「自然現象（ハザード）」と「自然現象によって被害を生じる現象」すなわち「自然災害」が異なる点に注目していただきたい。たとえば、大地震が人の誰もいない砂漠で起きても災害にはならないが、同じ規模の地震が人口の密集する大都会で発生すると大きな被害が生じて大災害となる。自然現象が人々の暮らしに接して、はじめて自然災害となる。

　自然災害による直接的な被害には、物的被害（建物、社会インフラ施設、など）と人的被害（死亡、ケガ、など）がある。この他にも、二次被害として感染症罹患や持病、精神的、肉体的疾患の悪化などもある。経済的被害には、物的被害を金額に換算した直接的な被害と、景気や生産、消費、雇用などへの影響が含まれる。

(2)　自然災害による被害の程度と脆弱性

　自然災害によって人間社会にどの程度の被害（リスク）が生じるか

は、自然の振る舞い（ハザード）、と災害が発生した場所がどれくらい被害を受けやすい状態なのか、社会の「脆弱性」によって左右される。自然現象を人間の力で制御（コントロール）することは難しい一方で、社会の脆弱性は人間の力で制御が可能である。社会の脆弱性が高ければ被害が発生しやすく、低ければ発生しにくくなる。そこで自然災害のリスクを減らすためには、個人や社会の災害対応力を高め脆弱性を下げることが求められる。

自然災害リスク＝自然現象（ハザード）　×　社会の脆弱性

「脆弱」とは「もろくて、弱い状態にあること」を意味する。冒頭に述べたSDGsのなかでも、「貧困層及び脆弱な立場にある人々」として言及されている重要な概念である。災害に対して脆弱な立場にある人々のことを日本では「要配慮者」と呼び、高齢者、障がい者、乳幼児その他の特に配慮を要する者のことを指す。また、地盤が悪く浸水リスクの高い低平地への都市の無秩序な拡大、少子高齢化や人口減少、過疎化などの現象は、地域社会の自然災害に対する脆弱性を高めている、と考えることができる。世界的には、後述するように、災害が発生した国の政治体制、国民の所得水準、災害に対する事前の備えの有無なども「脆弱性」として捉えられる。

(3) 防災 = Disaster Risk Reduction（減災）
「防災」とは、国際的には、Disaster Risk Reduction（DRR）、直訳すると「災害リスクを減らすこと、すなわち減災」として捉えられている。災害が起きてからの対応では被害を減らすことは難しく、「将来、起こりうる災害での被害(＝災害リスク)」を減らしていくことにより、個人や社会の災害対応力を高めていくことが「防災」である。
　自然災害が発生してからの個人や社会の対応は、災害発生前の事前

【図表 4-1】災害サイクルによる災害リスク管理

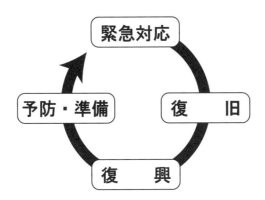

対応（予防／減災・準備）、発災後の緊急対応、その後の復旧・復興、そして再び、次の災害に備えるための事前対応と、自然災害の経験をふまえて次の災害に備えていくサイクルで捉えられ、これを「災害リスク管理」と呼ぶ（【図表 4-1】）。

　災害発生前の事前対応には、災害リスクを減らすための対策と、災害発生後に備える準備がある。日本には「治山治水」という言葉がある。山を整備し土砂災害が起きないようにする、川が氾濫しないように堤防を建設するなどして水の流れをコントロールすることを意味する。これらは、地震の揺れで建物が倒壊しないよう建物の耐震性を高めることなどと合わせて、土木や建築等の構造物を通じたハード対策にあたる。その一方、ハザードマップなどを通じた災害情報の発信、防災教育や防災訓練の実施など、人々の災害や防災に対する意識を向上させ、災害時に命を守る行動がとれるように準備していくためのソフト対策がある。

　防災を考える際には、生き残るための助けとして「自助」「共助」「公助」の考え方が重要である。自助とは、たとえば、大きな地震があっても自宅で怪我をしたりしないよう大きな重い家具を固定しておく、

自宅に水や食料を備蓄しておく、災害発生時に家族との連絡方法を予め確認しておくなど、災害発生時に自分や家族の安全を確保できるように準備することである。共助とは地域の防災訓練に参加する、大きな台風が接近する前に近所の方々と声をかけあって近くの避難所へ避難するなど近隣住民と助けあうこと、そして公助とは災害に備えて各自治体で防災計画を定め、ハザードマップを作成し、防災訓練を行う、災害発生時には警察や消防などの行政が救命・捜索活動を行う、などである。

(4) 気候変動への適応と災害レジリエンスの向上

東日本大震災は1000年に1度程度の頻度で起きる超巨大な地震・津波による災害で、低頻度大規模災害と呼ばれる。その一方、気象災害は、毎年のように発生する頻度の高い災害である。近年、気候変動の影響により、集中豪雨、干ばつ、高潮、台風の強大化などの気象災害が増大している。すでに起こりつつある気候変動への影響が避けられない場合、その影響に対処していこうとすることを気候変動への「適応策」と呼ぶ。自然災害についていえば、過去の観測を上回るような短時間強雨が増加していることに対して、大雨による河川の氾濫や内水氾濫、浸水被害を防ぐためのインフラを整備すること、警戒避難体制を強化していくこと、さらに個々人が天気予報や防災アプリ、ハザードマップを確認するなどして、災害への意識を向上させ、避難のタイミングや場所、経路を確認し、気象災害から身を守ることなども適応策に含まれる。

東日本大震災ではそれまでの堤防の増強や建物の耐震化などのハード面での防災対策が強化されてきたにもかかわらず大きな被害を出したことから、ハード面の対策に加えてソフトの対策を組み合わせた総合的な取り組みが必要であることが再確認された。また、被害が大規模で広範囲に及ぶ場合、行政、すなわち公助だけで対応するには限界

があり、公助に加えて自助、共助の重要性が改めて強調されている。

　このように近年では、大規模な自然災害での被害を完全に予防することはできないとの考えに立ち、被害の発生を前提として、被災を人間の努力によって時間をかけて乗り越えていく力を高める「災害を乗り越える力（回復力）」、すなわち「災害レジリエンス」を高めることの重要性が提唱されるようになった。人間社会の側が、従来の予防力に加えて回復力を組み合わせた総合力で災害に対応していく力を高め、個人や社会の脆弱性を下げていこうとするアプローチである。

　ここまで自然災害の基礎知識を整理してきたが、日本の学校では自然災害に関する知識は理科や社会などの授業を通じて学ばれ、総合的な学習の時間などを活用してまち歩きや防災マップづくりなどの体験学習、学校の年間行事として防災訓練が行われている。地域では自主防災組織が作られ、防災訓練などが実施されている。防災教育の目的は、災害の知識を学ぶだけに留まらない。得られた知識をふまえて防災への関心や取り組む意欲を高め、そして実際に事前に備えるという行動変容を目指している。こうした取り組みは、日本でだけ行われているものなのだろうか。

3.　防災への国際的な取り組みと世界の自然災害

（1）　国際的な防災戦略
　日本では、1923 年の関東大震災や 1959 年の伊勢湾台風など大きな犠牲を出した経験をふまえ、これまで長きにわたり国として自然災害対策を積極的に進めてきた。一方、国際社会が防災に本格的に取り組み始めたのは比較的最近のことである。国連は 1990 年代を「国際防災の 10 年」とし、以来、国連防災機関（UN Office for Disaster Risk Reduction: UNDRR）が中心になって自然災害による被害を減らすために国際的な防災戦略を策定している。

持続可能な開発目標の採択に先立ち、2015 年 3 月、仙台市で開催された第三回国連防災世界会議において「仙台防災枠組 2015-2030」が採択され、2030 年までの国際的な防災指針が示された。仙台防災枠組には、「災害リスクの理解」「災害リスク管理のための災害リスク・ガバナンスの強化」「強靱性のための災害リスク削減のための投資」そして「効果的な応急対応のための災害への備えの強化と、復旧・再建・復興におけるより良い復興（build back better）」の四つの優先行動が掲げられている。仙台防災枠組と SDGs、パリ協定は連携しながら、自然災害による死者、被災者や経済的損失を減らすための国際協力を進めている。

(2) 世界の自然災害（2000 ～ 2019 年）

　国連防災機関がベルギーのルーベンカトリック大学災害疫学研究所（Centre for Research on the Epidemiology of Disasters: CRED）と共同で発表したレポート "The Human Cost of Disasters: An overview of the last 20 years (2000-2019)" によると、2000 年から 2019 年の間に、世界では 7,348 件の自然災害が報告され、約 123 万人の命が奪われた。年平均では毎年 6 万人が自然災害によって亡くなっていることになる。同じ 20 年間で世界では 42 億人が被災し、世界全体で約 2.97 兆 US ドルの経済的損失が生じている。この 20 年間の傾向を 1980 年から 1999 年までの 20 年間と比較すると、災害件数では 1.7 倍、死亡者数では 1.03 倍、被災者数では 1.24 倍、経済的損失では 1.82 倍の増加となっている。災害種別で同じ 20 年間の比較をすると、地震発生件数は 1.24 倍、洪水の発生件数は 2.34 倍、暴風雨など嵐の発生件数は 1.4 倍と増加傾向にある。

　次ページ【図表4-2】は、世界各国を一人あたりの国民所得別にグループ分けして自然災害の発生件数、被災者数、犠牲者数、経済的損失の割合を示している。図からは、自然災害は国の所得水準にかかわらず

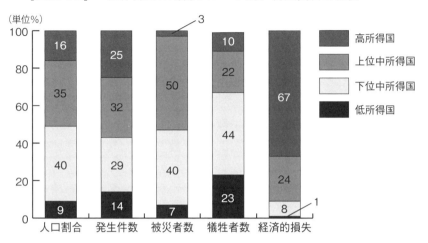

【図表 4-2】 世界各国の所得グループ別、自然災害の概要

出典：Centre for Research on the Epidemiology of Disasters- CRED（2020）"Natural disasters 2019". をもとに筆者作成
註 1）所得水準別グループは、世界銀行 2018 年データに基づく。
註 2）人口割合は、2019 年の世界人口 77 億 1,500 万人をベースにしている。

発生していることがわかる。高所得国グループ全体ではそれ以外のグループに比べて被災者や犠牲者は低いものの、一旦災害が発生すると経済的損失が大きく全体の損失の 67％を占めている。一方、低所得国グループは世界人口比率が 9％であるのに対し自然災害による犠牲者が全体の 23％を占めており、災害件数毎の平均的な犠牲者数が最も多い脆弱な国々であるといえよう。災害による犠牲者は災害への対策に取り組む余裕のない貧しい国や地域、人々などにより集中している。低所得国では、一般に貧困であるが故に住宅や社会施設全般が脆弱であり、一度災害が起これば甚大な被害が発生する。その一方、国の所得水準が上がるにつれ、災害対応のための法制度、インフラ、警戒システムが整備され、自然災害へ晒される人口を減少させることができれば、災害による人的被害が減少していく傾向が確認されている。

しかし、経済水準が上がれば、そこにある資産や財産の価値も増大し、経済的損失は増加する。

　東日本大震災は、2011年3月11日に発生したマグニチュード9.0の東北地方太平洋沖地震と津波による災害及びこれに伴う福島第一原子力発電所による災害である。死者・行方不明者は、直接的に津波などで亡くなった方と災害関連死を合わせて2万人を超える。地震や津波による工場の被害、物流網の分断などにより、東北地方に限らず、日本全体で大きな経済的損失が生じ、その被害総額は復興庁によると16兆9,000億円と推計されている。

　日本初の地震学者である寺田寅彦は、1934年に「文明が進めば進むほど天然の暴威による災害がその劇烈の度を増す」と指摘している（寺田（2011）、10ページ）。社会が高度化し社会全体が一つの高等な有機体のように物流網や送電網で結ばれるようになると、その一部が自然災害によってダメージを受けると社会全体に大きな影響を及ぼすという考えである。東日本大震災は、まさに1世紀近くも前の警鐘を私たちに知らしめることとなった。

(3)　自然災害に対する脆弱性の違い

　次ページ【図表4-3】は2000年から2019年の間に発生した、大規模自然災害を死者数の多い順に示している。5事例中3例が死者数10万人以上の巨大災害である。また5例中、4例が地震または津波での犠牲である。東日本大震災は、日本でもかつてない甚大な被害を出した災害であるが、【図表4-3】と比べて大きな差があることがわかる。ここでは、自然災害によってなぜ被害の程度が異なるのか、災害が発生した場所の脆弱性の違いから具体的に考える。

　2004年12月26日に発生したインド洋大津波では、マグニチュード9.1の地震によって引き起こされた津波がインドネシアを中心にインド洋に面する東南アジアからアフリカ地域の国々にまで到達し、折

【図表 4-3】死者数別自然災害（2000 年～ 2019 年）

災害種別	名称	国	発災年月	犠牲者数
地震・津波	インド洋大津波	インドネシアを中心にインド洋周辺国	2004 年 12 月	226,408 人
地震	ハイチ地震	ハイチ	2010 年 1 月	222,570 人
暴風雨などの嵐	サイクロン・ナルギス	ミャンマー	2008 年 5 月	138,366 人
地震	四川大地震	中華人民共和国	2008 年 5 月	87,476 人
地震	パキスタン北部地震	パキスタン	2005 年 10 月	73,338 人

出典：Centre for Research on the Epidemiology of Disasters – CRED（2020）
"The Human Cost of Disasters: An overview of the last 20 years (2000-2019)"

しもクリスマス休暇中であったことから、現地住民だけでなく多くの
観光客までを含む 22 万 6,000 人以上の犠牲者が生じた。インド洋に
は当時、津波警報システムは整備されておらず、津波の到来を告げる
警報もなく、人々は大きな地震の後に津波が来ることを知らず、多く
が犠牲になった。最も甚大な津波被害を受けたインドネシアでは、ス
マトラ島のアチェを中心に約 17 万 3,000 人が犠牲となった。

　2010 年のハイチ地震は、四川大地震（マグニチュード 7.9）、パキ
スタン北部地震（マグニチュード 7.6）よりも規模の小さい、マグニ
チュード 7.0 の地震であった。この地震によるハイチでの人的被害は、
約 22 万 2,000 人である。ハイチではなぜ、このような大規模な犠牲
が生じたのか。ハイチは 1804 年に中南米で最初に植民地支配からの
独立を宣言した国であったが、その後も軍事独裁や米国による占領、
クーデターなど、政情の混乱と武力対立が続き、人々は震災前から貧
困や暴力に直面し、医療保健サービスを充分に受けられない状況にお
かれ、中米における唯一の最貧国である。災害時に人々の救援・支援

に回るはずの大統領府や国会、国連機関が入居した建物が地震により倒壊し、地震直後の救命・救出活動が行えない状況となった。被害は、地盤の悪い斜面に形成されたスラム街で特に多く発生した。地震後、国際緊急援助隊などが世界各国から派遣されたが、充分な治療を受けられず亡くなる方も多く見られた。さらに、その後のコレラの流行やハリケーンの襲来によって、ハイチの地震からの復興には多くの困難が立ちはだかった。

　以上のように地震災害で比較しても、被災した国の政治、経済、社会的条件の違い、事前の災害リスク軽減のための対策がとられているかどうかで、被害の程度が大きく異なっていることがわかる。

4. より良い復興とは

　続いて、実際に大災害が発生した被災地での復興について考えてみよう。仙台防災枠組に示された「より良い復興（Build Back Better）」という考え方が、近年災害後の復興を考える際の世界共通の枠組みとなっている。UNDRR の定義によると「より良い復興」とは、「災害後の復旧・復興の過程を国及びコミュニティのレジリエンスを向上させる機会としてとらえ、防災対策を物的インフラ及び社会システムの再建に統合すること、ならびに生活、経済及び環境の再活性化を導くこと」とされる。つまり、被災地を単に災害前の状態に戻すだけでなく、ハードとソフトの防災対策によって、環境への配慮や次の災害被害を軽減する対策を盛り込んだ持続可能なコミュニティづくりを進め、社会のレジリエンスを向上していこうとする災害からの復興の考え方、といえよう。その一方、「より良い復興」が具体的には何を意味するのか、その意味は完全には定着しておらず、何を、どのようにして、どの程度良くしようとするのか、については被災地域や国の実情などによって検討していくことが重要である。そこで、本節では二つの津

波被災地、なかでも「より良い復興」という用語がはじめて使われた
2004年のインド洋大津波の被災地であるインドネシアのアチェ州と、
2011年の東日本大震災の被災地の一つ宮城県南三陸町を事例として
「より良い復興」について考えてみたい。

(1) アチェにおける自然災害と復興

　インドネシアは、日本同様、太平洋の周囲を取り巻く火山帯である
「環太平洋火山帯」と呼ばれるプレート境界に位置し、火山や地震な
どの自然災害の多発する国で、赤道付近にある約1万3,500もの島々
から構成され、東西の距離は約5,000キロに及ぶ。人口は世界第4位
の約2億7,000万人（2020年）でインドネシア語が公用語となってい
るが、300以上のエスニック・グループ（民族集団）から構成される
多民族国家である。そのなかでアチェ州は、インドネシア最大の面積
をもつスマトラ島北端に位置し、東をマラッカ海峡、西をインド洋に
面する。日本の東北地方よりもやや小さいほどの面積に、約520万人
（2019年時点）の人々が暮らし、人口の約9割をアチェ人が占めている。
30年近くの間、インドネシア政府と独立アチェ運動部隊との間で軍
事衝突が続く内戦地域であったが、大津波後の2005年8月、和平が
実現し、イスラム法に基づく自治の認められた州として大津波と内戦
からの復興に取り組む地域である。

　アチェでは、津波後、復興事業の一元的な実施機関としてアチェ・
ニアス復旧復興庁が設置され、復興予算の約6割を国際的な援助機関
やNGO（非政府組織）からの支援を得ながら「より良い復興」が目
指された。復興計画ではそのビジョンとして、「イスラムの価値観に
基づき、アチェ人の尊厳を考慮し、先進的で、公平、安全、平和的で
繁栄へとつながるアチェ人のコミュニティの実現を目指すこと」等が
掲げられた。

　壊滅的な被害を受けた沿岸部での住宅建設や高台移転先での住宅

建設、インフラ整備、学校や病院などの再建などが行われた。日本は、日本の二国間援助機関である国際協力機構（Japan International Cooperation Agency: JICA）を通じて、緊急期は国際緊急援助隊を派遣、復興期にはバンダ・アチェ市の復興マスタープラン策定、道路建設や排水整備の建設、住民自立支援のための生計支援などを行なった。さらに東日本大震災の被災の一つである宮城県東松島町との草の根技術協力支援を通じて、被災自治体間の相互復興促進のための支援も行われた。

　筆者は大津波から 10 年を経た 2014 年、バンダ・アチェ復興 10 年の検証作業に関わり、教育関係者へのインタビューを行なった。アチェ復興の 10 年のなかで良かったことを聞いたところ、内戦で世界と閉ざされた地域であったアチェが国際支援を通じて世界とつながり、公衆の場で自由に意見を述べることができるようになったこと、道路やインフラ、社会福祉サービスが改善されたことなど、が挙げられた。一方、悪かったこととしては、敬虔なイスラム教徒であるアチェの人々に海外からの支援は異なる価値観をもたらし、それらが従来の伝統的な価値観を脅かしていることへの懸念が示された。また、多額の援助が拝金主義を生み、受けた支援の有無や程度の違いによって人々の間に格差が生まれたことも指摘された。別の調査結果からも津波被害の大きかった沿岸部のコミュニティでは活動が不活発になったり、コミュニティ内部の相互不信があることが指摘された。

　大規模な国際支援を受けながら進められたアチェの復興 10 年からは、インフラや施設、社会サービスなどの復興が進み人々は世界に開かれた生活を享受できるようになった一方、復興ビジョンで目指したイスラムの価値観に基づくアチェ人のコミュニティの復興は道半ばであり、アチェ人自らによる主体的な復興へと転化させていくことができるかが長期的な意味での持続可能な復興に向けた課題として示されているといえよう。

続いて防災の視点から「より良い復興」を考えてみよう。大津波の教訓や経験を次の災害に役立てるために、どのような取り組みが行われているのだろうか。アチェでは、地震のあと津波が来ることを理解している住民はほとんどおらず、津波からの避難が遅れ多くの犠牲者が出た。イスラム教では大津波のような自然災害での犠牲者は殉教者として、生き残った者にとっては神からの試練として考えられているという。アチェには津波犠牲者の追悼施設が建てられ、津波の発生した12月26日には記念式典が行われる。津波の教訓を伝えるため、津波博物館が建設され、街なかには津波遺構が数多く残されている。日本の支援により沿岸部には津波避難ビルや津波の高さを示す津波ポールが設置された。国際協力を通じて数多くの学校防災教育支援が行われ、教員研修や教材の開発、避難訓練などが行われた。しかし、2016年に筆者が行なった調査からは、アチェの公立小学校の半数以上は依然、2004年の津波浸水エリアに立地しており津波災害リスクにさらされている一方、支援終了後、定期的に避難訓練を実施している学校や支援で作られた教材などが使われている事例は限定されていることが明らかになった。社会や宗教によって自然災害の捉え方、災害の伝承のあり方は異なる。国際協力を行う際には、支援終了後も現地の人々のリソースによって続けられる支援の内容やあり方を考慮しなければならないことを示す結果となった。

(2) 東日本大震災からの復興——宮城県南三陸町を事例に

　一方、日本では東日本大震災の復興に向けて広く国民から復興特別所得税を徴収し、国をあげた復興が進められてきた。10年間の復興予算は、32兆円に及ぶ。大津波の被害が甚大となった被災地の沿岸部では全長432キロに連なる防潮堤の8割が完成した。最も高いところで高さ15メートルを超える防潮堤である。また、住まいの再建のために住宅の高台移転、土地のかさ上げ、災害復興住宅の建設など大

規模なまちづくりが進められた。しかし、再建された街には空き地が目立つところも多い。漁業、農業などの産業の復興も進められた一方、人手不足が深刻である。被災地の復興のみならず被災者の生活復興、コミュニティの再生などが課題として残されている。住み慣れた故郷に戻らず、あるいは戻ることができない人々も多く、岩手、宮城、福島三県の人口は震災前に比べて 38 万人減少した（2021 年）。原発事故からの復興はいまだ途上である。

　被災地にはまた、震災や復興の記録を展示する伝承館などが数多く開設された。個人の記憶や地域の記録などを収集し保存するだけでなく、大震災から得られた教訓を次世代や他の地域からの来訪者に伝え、災害による被害の大きさ、命を守るための事前の備えや避難の大切さを疑似体験してもらい、自然災害を自分ごととして捉えるよう呼びかけている。

　東日本大震災からの「より良い復興」を考えるにあたって、宮城県南三陸町の事例を紹介したい。南三陸町は、リアス式海岸である三陸海岸の南に位置し大震災では最大 23.9 メートルの津波に襲われ市街地の 8 割以上が浸水、町役場庁舎や病院などの公共施設が壊滅的な被害を受け、建物の 6 割以上が全半壊の被害を受けた。甚大な被害を受けた南三陸町ではあったが、その復興では「グリーン復興」を進め環境と社会に配慮した復興に取り組み、一つの自治体で持続可能性を示す二つの国際認証を取得している。これらの認証は、持続可能な原材料の調達や環境・社会的な配慮を行なって生産される製品を第三者機関が基準をふまえて認証したもので、認証された製品には認証ラベルがつけられる。SDGs 目標 10「つくる責任・つかう責任」を促す取り組みの一つである。

　復興とサステイナブル認証はどのように結びつくのだろうか。南三陸町は良質な杉の産地で、町の総面積の 77% を森林が占めている。2016 年、南三陸杉は持続可能な森の管理を実施していることを示す

森の国際認証である FSC®（Forest Stewardship Council: 森林管理協議会）認証を取得した。持続可能な森とは、酸素を作り、川の水の量を調整し、木々の根で土を抱え込み、動物や昆虫、植物の住処として機能する森である。また、南三陸町の志津川湾戸倉の牡蠣は、海の自然や資源を守って責任ある養殖水産物の普及を目指す水産養殖管理協議会（Aquaculture Stewardship Council：ASC）の ASC 認証を 2016 年に取得している。2011 年の津波による養殖場の壊滅的な被害からの復興を進めるなかで、震災前に行われていた大量生産型の養殖から、生産量を減らし栄養や酸素を行き届かせ質のいい牡蠣を育てる養殖へと方法を変え、ASC の認証を取得したという。震災を体験した養殖家は、人間中心の利益本位から生態系サービスをうまく整えていくことの大切さを学び、海と人間とのつきあい方が変わった、と語っている。

　南三陸町の事例からは、山、里、川、海のつながりの環のなかに人々の営みがあること、自然はときに災害を引き起こし人間の生活を脅かすものであるが、普段は私たちに大いなる恵みをもたらしてくれること、そして被災地の人々が復興過程において自然とのつきあい方を改めて考えていることを学ぶことができる。また、「より良い復興」とは、人間と自然のあり方を見直すこと、人と人のつながりを回復していくこと、震災をきっかけに改めて地域のもつ資源の価値を見直していくことである、といえるのではないだろうか。

　筆者は勤務する大学でのゼミや授業を通じて学生とともに海外や日本の震災被災地を訪問しているが、現地を実際に訪れ人々の暮らしの復興を理解することを通じて、「地球規模の課題を自分ごととしてとらえ、その解決に向けて自ら行動を起こす力を身につけるための教育」を実践することが可能であると考えている。これもまた、ESD であるといえよう。

5. おわりに

本章では、自然災害をテーマに持続可能性やSDGs目標への関わりを様々な観点から論じた。人間が自然とともに生きているがゆえに自然災害が起きるということ、人間が自然を封じ込めようとすることは難しく、災害が発生する前に被害を減らすための努力が一人ひとりに求められていること、さらに気候変動により自然災害が多発化するなか、被害が発生しても速やかに回復できる力、災害に対するレジリエンスを高めていくことが持続可能な社会づくりには不可欠であることが示された。また、ハイチやアチェの事例からは自然災害はより脆弱な人々や国に対してより大きな被害をもたらすことが示され、世界的に自然災害による被害を減らしていくためには防災対策だけでなく、貧困削減、平和の実現がその大前提にあることも論じ、自然災害を通じたSDGsのダイナミクスも示そうと試みた。

寺田寅彦は「文明が進むに従って人間は次第に自然を征服しようとする野心を生じた」（11ページ）と指摘したが、私たちはこうした過去の教訓に耳を傾け多発し激甚化する自然災害を地球からの警鐘として捉え、未来に向けた持続可能な社会づくりに向けて人間と自然の関わり方を改めて見直す時期にきていることに気づいていただけただろうか。

2024年1月1日、マグニチュード7の能登半島地震が発生した。地震は元旦であろうと構わず、いつ、どこで発生してもおかしくないことを私たちに再確認させることとなった。「高齢化」「過疎化」に直面する被災地の復興が今後どのように進んでいくのか注視が必要である。その一方、マグニチュード7クラスの首都直下地震の発生確率は今後30年で70%（2022年5月時点）とされるなど、人口の集中する大都市での地震もいつ起こるかわからない。日頃からの備えを進めることが一人ひとりにできることである。

ディスカッション・ポイント

本章をふまえて考えてみましょう。

① なぜ、自然災害はより脆弱な人々により多くの被害をもたらすのか、その理由を考えてみましょう。

② あなたの考える「より良い復興」とは、どのような復興でしょうか。可能であれば、東日本大震災の伝承施設「3.11 伝承ロード」(https://www.thr.mlit.go.jp/shinsaidensho/) を実際に訪問して、考えてみましょう。

③ 日本は国際協力を通じて、世界での災害レジリエンスを向上していくためにどのような貢献ができると考えますか?

④ 自助による自身の災害レジリエンスを向上させるため、自宅周辺で起こりうる災害リスクや避難所を「ハザードマップ・ポータルサイト」(https://disaportal.gsi.go.jp/) を用いて確認してみましょう。

読書案内

著者	寺田寅彦 著	出版年	2011	出版社	角川ソフィア文庫
タイトル	『天災と日本人　寺田寅彦随筆選』				

▸ 日本初の地震学者であり随筆家でもあった著者による、自然科学と人文社会科学双方から自然災害と科学技術、人間と自然の向きあい方を示した古典的名著。

著者	五百旗頭真 監修、片山裕 編著	出版年	2017	出版社	ミネルヴァ書房
タイトル	『検証・防災と復興2　防災をめぐる国際協力のあり方 ——グローバル・スタンダードと現場との間で』				

▸ 本書では、政治学、法学、外交政策、公共政策などの社会科学の観点から防災にアプローチし、防災分野での国際協力と日本の役割について論じた好著である。

著者	東北大学災害科学国際研究所 編	出版年	2021	出版社	東北大学出版会
タイトル	『東日本大震災からのスタート ——災害を考える51のアプローチ』				

▸ 本書は、自然科学、社会科学、人文科学の研究者などが「災害」への取り組みを多角的に論じる、自然災害への学際的アプローチを示す総合書である。

第5章

ディーセント・ワーク
——働きがいも経済成長も

吉川健治

本章のキーワード

ディーセント・ワーク（働き方）　人権デューデリジェンス

本章のテーマに関連する主要な SDGs 目標

貧困をなくそう	飢餓をゼロに	すべての人に健康と福祉を	質の高い教育をみんなに	ジェンダー平等を実現しよう	安全な水とトイレを世界中に
エネルギーをみんなにそしてクリーンに	働きがいも経済成長も	産業と技術革新の基盤を作ろう	人や国の不平等をなくそう	住み続けられるまちづくりを	つくる責任つかう責任
気候変動に具体的な対策を	海の豊かさを守ろう	陸の豊かさも守ろう	平和と公正さをすべての人に	パートナーシップで目標を達成しよう	

1. 総論

(1) ファスト・ファッションはどこから来る？

　4月24日は「ファッション・レボリューション・デー」とされている。一見、ファッションに関わる華やかな日というイメージをもつかもしれない。だが、4月24日はアパレル業界で起きた悲惨な事件の日なのである。

　悲惨な事件はバングラデシュの首都ダッカで2013年に起きた。ファスト・ファッションの縫製工場があるラナプラザと呼ばれるビルが崩壊して、1,000人以上の労働者が生き埋め状態となり、さらに多くの負傷者を出した。元々ビルの建物が脆弱であることを労働者は知っておりオーナーに指摘していたというが、聞き入れてもらえなかったらしい。仕方なく仕事せざるを得ない状態におかれたまま、予想されたビルの崩壊が起きてしまったのである。予測可能なら回避する方策もあったはずだが、最悪の結果を招いてしまった。

　ラナプラザの縫製工場は主にヨーロッパの主要アパレル企業数社の下請けだった。日本にも店舗が至るところにあり、名前を出せば誰もが知っている企業である。

　ファスト・ファッションは、値段も手頃、しかもファッショナブルで着心地が良く、愉快な気分で街を歩くことができる。その一方で、安さの裏側には低賃金、危険な状態を顧みずに働かされる労働者の存在があることを、私たちはほとんど考えたことがないのではないだろうか。

　ラナプラザ事件のように危険な労働環境に対する労働者の意見が聞き入れられない状況であっても、生活のために働かざるを得ない人々の状況を改善していくことはSDGsの目標の一つになっている。SDGsが目指すのはディーセント・ワーク（Decent work）の達成と記

されている。ディーセントとはあまり聞き慣れない言葉かもしれない。「適切な雇用」と訳されたり、やや抽象的に「まっとうな仕事」という呼ばれ方もする。外務省の目標 8 の仮訳では「すべての人々の完全かつ生産的な雇用と働きがいのある人間らしい雇用」とされている。

(2) ディーセント・ワークの概念

　もともとディーセント・ワークの概念は 2009 年に国連の専門機関である国際労働機関（International Labour Organization: ILO）の第 87 回総会で 21 世紀の目標として取り上げられてから重要な働き方の目標として意識されてきた。ILO によれば具体的には「権利が保障され、充分な収入を得て、適切な社会保護が供与された生産的な仕事」の実現である。つまり、毎日仕事をしている私たちが働きがいをもって仕事に従事できる環境を整備し、より豊かな生活を実現することと考えていいだろう。まずこれを身近な日本の労働環境にあてはめて考えてみたい。

(3) 日本の労働環境から見るディーセント・ワーク vs ブラック企業

　まず働く者にとって重要となるのが、上記に挙げた「権利の保障」「充分な収入」「社会保護の供与」の実現である。通常、各国で労働諸法が整備され、雇用する者、働く者はその法律を遵守することが求められている。また、合理性を欠く解雇は違法であり、労働者は法律に準拠した労働組合など結社の自由などを認めること、働く者が働きに則してそれに見合った収入を得ること、そして雇用された労働者は社会保障、すなわち健康保険や年金、失業保険などの社会的な保護を受けることが保障されている。日本の労働基準法では半年間会社に勤務すれば、年次有給休暇がとれるようになっている。ほとんどの事業体（会社など）はこれを遵守しなければいけない。アルバイトでも同じであ

る。また、労働時間にも決まりがあり1日8時間、週40時間以上働かせてはいけない。労使協定を結んだ場合は、それ以上の時間の労働が可能とはなる。また、最低賃金も政府によって各県ごとに決められている。それが充分かどうかは別にして、ある程度働く者の権利が行使できる状態にある。万一、勤務時間中や通勤時間に事故があり、怪我をした場合などは労働災害（一般的に労災と呼ばれる）制度を利用して認定されれば、治療費の支払いや治療期間中の給与は保障される。こうして労働環境が整備されれば、安心して働くことができ、生活も安定する。労働は誰もが従事する活動であるため、「ディーセント・ワーク」の実現は社会全体の安心・安定につながる意味のあることである。

　私たちは時折「ブラック企業」という言葉を耳にする。ブラック企業とは上記に反する行為を行う企業のことを指すのであろう。残業しても残業代が出ない、あるいは窓際族など働きがいが見出せない部署に配置転換する、ハラスメントを放置する、非合理な理由で解雇する行為がブラックと呼ばれる所以である。かつてニュースになった事例では、辞めさせたい社員に一日中シュレッダー作業を命じて、社員はそれに従った。そのうち嫌になって辞めるだろうという経営陣の考えだったらしいが、これではやりがいなど見出せない。結局、これは労働基準法で定める不当な配置転換とされたが、これを間近に見ている社員たちは仕事へのモチベーションをもてるだろうか。企業の生産性も上がらないであろう。つまりディーセントではない働き方が身近でも横行している。ゆえに、ILOはディーセント・ワークという目標を設定せざるを得なかったともいえる。

2. 世界的な労働の現状

(1) 横行する非人道的労働

　世界的に見て経済的に豊かな日本でも上記の状況であることから、いわゆる発展途上国での労働問題はより深刻性を増す。たとえば、児童労働問題である。もちろん国際的に児童労働撤廃の取り組みが行われてはいる。1973 年の ILO 条約第 138 条では最低年齢条件を定め、雇用するには 15 歳を下回ってはいけないこと、発展途上国においては差しあたり 14 歳とすることが規定されている。しかしながら、条約成立後も児童労働問題は完全に解決とはいかず、むしろ悪化している状況も見られた。そこで ILO は新たな条約を検討し、1999 年に 18 歳未満の児童を対象とした「最悪の形態の児童労働の禁止及び撤廃のための即時の行動に関する条約」を採択した。「最悪の労働」とは人身売買、武力紛争への強制的徴集、強制労働、債務労働などである。大人たちに強制される、または恒常的に家計を支える環境に身をおかざるを得ない状況で働く児童労働者は、現在、世界に 1 億 6,000 万人といわれている（2021 年）。

　悲惨な児童労働が一刻も早く解決されるべきではあるが、低賃金で働く児童労働者の存在は、労働者全体の賃金低下につながる。大人たちも子どもたちと競争するように賃金を低くしないと雇用されないからだ。

　たとえば、私たちに身近なチョコレートも児童労働と無縁ではない。チョコレートは日常嗜好品として先進国を中心に好まれている。しかし、ILO の「カカオ豆のサプライチェーンから児童労働を撤廃するために」によると、アフリカ北部でチョコレートの原料であるカカオの採取に子どもが従事している現状がある。あるいは炭鉱などでも児童労働問題が指摘されている。子どもなら低身長なので鉱山に入る坑道の天井が低くてもすむ。そんな理由で子どもが働かされているのだ。

さらに親の借金返済のための債務労働もあり、こうなると借金を返すために生まれてきたようなものである。

　私たちの生活に直結していることがディーセントな状態ではない労働から生み出されている。

(2) ディーセントではない状況を生み出す仕組み

　ディーセントではない働き方が生じるのはなぜなのか、その背景を少し考えてみたい。経済的背景としては、1980年代から顕著になった新自由主義と呼ばれる市場経済体制が源泉として挙げられよう。新自由主義とは経済の動きを市場に委ね市場競争を活発にすることによって経済成長を目指すという経済体制を指す。市場経済体制のもとでは、政府は企業にはより広いマーケットを開拓して利益を出せるように誘導し、個人には公的支援に頼らない自助を求めて経済政策を実施する。私たちの生活に必須となった携帯電話の例を見てみよう。1980年代まで日本の電話事業者は、日本電信電話公社（現、NTT）だけで、内実はほとんど政府が運営を仕切っているものであった。電話市場が独占されていたため、私たちはこの公社にお願いするしか選択肢はなかった。固定電話の設置料金は約5万円で高額だったと記憶しているが、公社が設定した価格に従うしか方法がなかった。しかし、新自由主義体制の下、市場競争による経済活性化を目的とするため、政府は日本電信電話公社を完全民営化して他社の市場参入を許可した。こうして、新規事業者が市場参入できるようになった。NTT、SoftBank、auなどは顧客を得るために価格競争を始め携帯電話の機能を高めようとする。ここで市場競争が生まれる。消費者には都合がいい。各社が競争するようになって選択肢が増える。価格、機能を比べ自分が求める携帯を見つけることができるようになる。

　一方で、こうした市場の開放が働き方に影響を与えた。企業とすれば市場競争激化とともにより競争力を高めるため、優秀な人材の雇用、

経費の削減が求められる。これが雇用に大きな変化をもたらした。

　終身雇用（無期雇用）は、日本型雇用の典型的な形態であった。一度、企業などに就職すればほぼ定年まで勤め続けられる。人材の流動性、つまり転職が不思議ではなくなった今と違い、大学新卒の就職は、ほぼ一生を左右するものと考えられていた。当時の就活生は今の就職活動よりかなり慎重だったのではないだろうか。しかしながら、多くの人材を雇用しても、どうしてもすべての人が適性を備えているとはいえないこともある。プロ野球やサッカーのJリーグの入団新人選手のすべてがチームの勝利に貢献できるとは限らない。毎年のように新しい選手が入り、その分辞めざるを得ない選手も出てくる。この理屈を企業にも適用しようという動きが生まれた。人それぞれに適性があるのだから企業においてもそれぞれにあった仕事、働き方があるというのも一面では合理的かもしれない。

　事実、1995年の日本経営者団体連盟（日経連、現在は、経済団体連合会（経団連）に統合）による報告書『新時代の「日本的経営」』では、それまでの終身雇用を見直すべきであることが記述されていた。1995年といえばいわゆるバブル経済が崩壊して日本経済は低迷期に入った頃である。企業の業績が伸び続けた1980年代までは社員の雇用を維持する余裕があったが、経済全体の萎縮のなかでグローバル市場競争に対抗するには経費削減、そのなかで人件費を抑制することが一番効果的であるという現実が見え隠れする。

(3) 非正規労働──問題の本質

　企業は、終身雇用に代わり契約社員や派遣社員という形で一定期間必要な労働力を確保するようになり、非正規社員の増加を促した。こうした形であれば、市場競争に耐える力を蓄えることができるという考えだ。働く人のなかには、自分の時間をもちたい、会社は生活の糧として、あとは趣味の時間に費やしたいと考える人もいるだろう。

すべてが悪いわけではない。しかし、このことはディーセント・ワークという考え方に立つと相容れないものもある。企業側にとっては人件費の抑制、適材適所の人材を確保できるという利点はある。企業は繁忙期には多くの派遣労働者を確保し、そうでない時期は雇用期限が過ぎたとして派遣労働者を受け入れない。いわば、雇用の調整弁として労働者が使われることになり、こうした働き方が「正」社員と「非正規」社員の区別化を生み出すことになった。「正」と「非」の区別や呼び方など、少なくとも 1980 年代まではなかったが、現在ではそれが固定化してしまった。

　一方、労働者側の視点では、必ずしも非正規職は労働を保障されているものではない。契約が延長されるのか不透明であるなどの問題がよく指摘されているが、一番の問題は ILO のディーセント・ワークの定義にある「社会的な保護」が保障されない点だ。健康保険、雇用保険、年金など人々が安心できる社会的生活が困難になる人も出てくる。日本の社会保障の仕組は、企業などに勤めた場合には厚生年金に、自営業者は国民年金となる。健康保険も企業勤めなら社会保険、自営業者は国民保険となる。国民皆保険の制度を維持している日本では、すべての人が保険に加入できる。しかし、雇用が長続きしない場合は、社会保障制度の間を行ったり来たりしなければならない。また、長期的に派遣先が見つからない場合などは、収入が途絶え、保険料の支払いが困難になる可能性だってありうる。充分な「社会的保護」が保障される状態とはいえない。厚生労働省のデータによれば、こうした非正規と呼ばれる働き方に従事する人々は、2021 年には全労働者の約37% に達するという。これがディーセント・ワークを日本で実現していかなければならない理由の一つである。

3. 中間組織——業界団体、労働組合の弱体化

(1) 労働市場の成果主義

　これまでの終身雇用を前提とした制度をくつがえす波は、確かに日本に押し寄せている。「ジョブ型雇用」という言葉を聞いたことがあるだろうか。これは無期雇用という枠を外れて成果主義を導入し、成果をあげる有能な人材だけ確保するというものである。無期雇用なら定年まで勤められたのに、急に成果主義になることは単純なことではない。当たり前のことだが、人々は労働によって生活の糧を得る。だが、そればかりではない。日本型終身雇用が浸透していた日本では、未来の生活設計ができた。入社して数年目の年収はこのくらい、家族のメンバーが増える頃の年収はこのくらい、と年収の上昇具合に合わせて家を購入し、ローンを組むという将来予測が可能であった。しかし、すでにこのような生活設計を立て途上にある人にとっては、急に成果主義が導入されれば、不安にかられる。成果をあげることに集中せざるを得ず、仕事内容も高いレベルが要求され、長時間労働となって疲弊してしまうことだってあるかもしれない。労働者は過酷な状態におかれてしまう。これはディーセントな状態からの実質的な排除ともいえるのではないだろうか。成果主義が悪いとはいわない。企業も常に利益を追求し経営の舵取りをするわけだから、選択肢の一つとしての成果主義はありうる選択だ。労働者も一つの会社に一生を捧げるような労働より、自分のスキルや能力を最大限に活かす職場を探す働き方はやりがいを見つけるチャンスとなることもあろう。しかしながら、急激な市場競争の激化に伴う日本の雇用変革に合わせて、充分にディーセントな労働環状態を作りあげるには時間が必要なことも確かだ。

　自営業者にも市場競争の影響で、同じようなことが起きている。わかりやすい例を挙げてみる。たとえば、理容業界である。筆者が幼い

頃、街には数軒の床屋があったが、どの床屋にいっても理髪料金は同じ額だった。これは理容師業界団体が料金を設定して、それに従っていたからだ。街にあった数軒の理髪店は他店と競合することなく、それなりの収入を得ることができる。もちろん業界団体に加盟するには加入費を支払う。全国的な業界団体に所属することで加盟者が相当数になり、加入費も増加すれば相互に助けあう健康保険や労働災害などの保険制度も設立可能になり、生活の安心を生むことができる。加盟する人々が自ら出資し全体を豊かなものにしようという生活協同組合的な考えだ。これは突出して豊かな人は生まないが、困窮状態も回避できるシステムである。

　今はどうか。街を歩けば理容店は至るところに見かけるが、どこも料金が異なる。安さをアピールする店、ファッショナブルな店、手軽に散髪してくれる駅近の店などそれぞれが特徴を活かして競合している。これも市場自由化の流れのなかで業界団体そのものが縮小した結果である。価格がほぼ固定化されていた理髪業界も市場開放され、先に挙げた電話事業のように多くの事業者の参入が許された。消費者にとっては、選択の幅が拡大して喜ばしいことであろう。それぞれの必要に応じて店を選ぶことができる。しかし、競争の波にさらされた理髪店は経営を維持するために様々な努力をしなければいけなくなる。それによって収入が減ることだってあるだろう。店を畳む人も出るかもしれない。さらに深刻なのは業界団体が運営していた保険制度が維持できなくなることだ。一気に加盟者の生活や将来に不安が押し寄せる。これもディーセントな状態とはいえない。

(2) 中間組織としての労働組合

　必要なのは雇用する側の使用者と雇用される側の労働者の間の関係を見直し、新たな関係を構築していくことではないだろうか。使用者と労働者の関係は労使関係と呼ばれ、通常、働く人の組合である労働

組合と使用者側、つまり経営陣の話しあいが行われる。事業体は経営陣、労働者の両者がいなければ成立しない。いわば車の両輪のようなもので、両者の歯車が狂えば失速する。経営陣は経営ヴィジョンを示したうえで、労働者に理解を促す。労働組合はそれを受けて働く人の不利にならないように経営陣と話しあう。互いの理解を深めて経営側の考えと労働者の考えを一致させれば生産性が上がり、ある程度の保障を労働者は確保できる。これが理想である。もともと ILO も政府、労働者、使用者の 3 者で構成され、政策、働き方、経営について異なる立場にある人々が話しあう場である。労働政策の指針となる ILO での条約の議決にはそれぞれが投票権をもち、国連のなかでもユニークな構成となっている。他の国連機関が 1 国 1 票であるのに対し、ILO の 3 者構成はその設立である 1919 年から変わっていない。

　しかしながら、先に述べた業界団体の協同組合的な活動と同様、労働組合の組織率は低下する一方である。これも激動する市場経済のなかでの一つの傾向ともいえる。効率良く組織が機能するには、働く人々が組織の方針に従順になった方がいい。非正規労働者を受け入れた方が終身雇用制度よりはるかに効率的で、労働者の反対がない状態が市場競争に勝つための方策になっているともいえるかもしれない。

　協同組合も労働組合も、働く人々にとっては仕事を守り生活の糧を得る一つの拠り所といえる。あるいは経営陣により良い労働環境を求めるなど労働者と経営者の間にある立ち位置から、これら組合は中間組織と呼ばれるが、中間組織の衰退はディーセントな状態を作り出す機運を見出せないままにしてしまう。

4. 製造過程のグローバルな水平化とサプライチェーン

（1）比較優位としての低賃金
　市場競争の激化が日本人の働き方に大きな影響を与えたことを示し

てきたが、グローバル経済自体が自由な市場競争によって、グローバルレベルでも労働のあり方が変化し始めている。特に影響を受けるのはいわゆる発展途上国と呼ばれる地域の労働環境である。

　市場競争に勝つには、企業は効率を求める。正社員に替わって非正規労働者を受け入れた方がコスト面でプラスに働くように、特に製造業に従事する企業は海外の労働力に着目するようになった。海外、それも安い賃金で働いてくれる労働者、つまり途上国の人々である。経済のグローバル化のなかで私たちの周囲には海外で作られた製品があふれている。たとえば、スマートフォンもそうだ。スマートフォンの組み立てはほとんどが中国をはじめとする海外である。

　日本企業は、距離的に近いアジアを中心に製造事業を展開しているケースが多い。日本に比べて賃金が安く、しかも良質な労働力を求めての海外展開だが、これが進出した国々の労働に大きな影響を及ぼす。まず、考えられるのは企業が低賃金労働者を求める結果、製造地域を変更することが可能なことだ。進出時には低賃金であってもその国が経済成長するにつれ賃金は上昇する。賃金が上がれば当然コストも上がるので、市場競争では不利になる。企業は、もっと安い労働者を確保できる場所を求めて移転する。進出した国や地域から企業が転出することで失業者が生まれる。働く人々にとってはこれで生活の糧を失うことになる。企業にとっては収益向上のための方策としてある意味当然かもしれないが、市場競争下においては労働者がコストや効率の犠牲にされる状況が生まれている。

(2) 複雑化するサプライチェーン

　冒頭に挙げたアパレル業界では、ファスト・ファッションの製造地の一つであるバングラデシュの事件以外にも、高温の作業場での長時間作業、害のある薬品の使用、現地の委託先による強制労働、という事例が世界的に多数報告され、ファスト・ファッションの負の側面を

考えさせられる。原材料の調達・加工、デザイン、縫製、消費と、一つのモノを作るときには色々な人がそれぞれの場所で関わっている。これをサプライチェーン（供給網）と呼ぶ。商品のサプライ（供給）はそれぞれチェーン（鎖）のようにつながっている。しかし、それぞれは互いを知ることはほとんどない。私たちも日頃から世界の人々とチェーンでつながっていることを意識することはないかもしれない。誰が作って、どこから来ているのかあまり考えることはないだろう。でも考えざるを得ないことでもある。ディーセントではない状況で働く労働者が生産過程に関心をもたなければ、誰も知るよしもない。グローバル経済下では、生産工程が複雑化するゆえに、チェーンも複雑化して誰がどのように利益を得て、誰がどのように被害を受けているのか見えにくくなってしまっている。

　これは、SDGs 目標 12 である「つくる責任・つかう責任」に通ずることだろう。企業も私たち消費者も考え実行する責任が課せられている。

(3) 現代ビジネスの構造を理解すること

　同時に考えなければいけないのが、ディーセントでない労働を生み出す仕組である。考えるべきことの一つは、経済とそれを動かす政策だ。途上国政府にとっても先進工業国からの資金は、発展のために必要だ。貿易の赤字額を転換するためには外資を導入して、輸出産業を増やし赤字額の削減を図らなければいけない。国内に資金がない場合には外資優遇政策をとって先進国の企業進出を後押しし、雇用の創出を促していく。縫製工場のように多くの労働力を必要とする産業は、多数の労働者を必要とする労働集約型産業であるため、途上国政府にとっては大歓迎だ。安い労働力を求める先進国企業と途上国政府の間に、利害関係の一致が生まれるのである。グローバル経済は、市場経済の波に乗るために必要な政策の運用を求める。その一つが外資の積

極的な導入である。これが先に述べたようなディーセント・ワークを阻害する一つの要因となる。

　カンボジアの例を見てみよう。カンボジアは近年経済成長が著しい。カンボジア政府は、進出企業の法人税を軽くするなど積極的に外資優遇政策をとった。豊かで低賃金である労働力に魅力を感じる企業は、カンボジアに進出する。独立行政法人労働政策研究・研修機構によると、カンボジアの最低値賃金は、2024年に月額204US ドル（約2万9,000円程度）である。日本の最低賃金よりはるかに安い。よって、中国、日本、ヨーロッパ、アメリカなどから多くの企業が進出し、工場を建設し多くの労働者を雇用した。その結果、カンボジアの輸出産業は大きく伸びた。外務省の基礎資料によれば、カンボジアから日本への輸出品目は衣類、履物、革製品である。カンボジアは2010年代年10％を超える経済成長率を遂げているが、これに貢献しているのが主に縫製工場で働く女性労働者であり、先進国から見て賃金の安い人々の働きの結果であることは間違いない。

　カンボジアと同様に賃金の安いミャンマーでは、労働者が賃金の向上、労働環境の改善に向けて労働組合を組織しようとした矢先に解雇されたという女性に5人会ったことがある。決して満足はしていないが、解雇を恐れ、口を出せない人がほとんどだという。企業としては、指示に黙々と従ってくれる働き手の方が効率的生産に貢献してくれる。労働組合が労働環境の改善を求めることは、経営者にとっては鬱陶しいと感じられるのだろう。よりまっとうな働き方を求める労働者たちは、解雇という危機を恐れて声をあげられない。このような状況では、労働者が安く買い叩かれることもあるかもしれない。

　こうした構造的な問題を抱えながら、グローバル経済は回っているのである。この構造を変えない限り、ディーセントではない労働環境は生み出されていく。

5. 人権デューデリジェンス（人権の適正評価）

(1) サプライチェーンの果てまで

　グローバル経済やサプライチェーンの仕組み自体を変えていくことには、長い時間がかかるかなり難しい作業となる。かといって現状を放置するわけにもいかない。そこでサプライチェーンのすべてをディーセント・ワークにするための解決策の一つとして、「人権デューデリジェンス（人権の適正評価）」という考えが近年、世界的に注目されている。デューデリジェンスとはビジネスの世界では、投資先、買収先が適切な状態かどうかを事前調査することとして理解される。人権デューデリジェンスとは、海外に進出する企業に対して進出先で雇用される労働者の人権確保に向けて適正に対応しているかどうかを、人権の側面から評価することある。企業が自ら人権に関する調査を行い、進出時に適応可能とすることで、サプライチェーンの末端まで配慮しようとするものだ。特にヨーロッパでは法律による人権デューデリジェンスの義務化が進んでいる。たとえば、ドイツでは2021年にサプライチェーン法が成立、2014年までにすべての企業は進出前に適正な評価を実施することが求められている。しかも、賠償責任が生じることも規定されている。

(2) 人権の適正評価の広がり──チェーンの末端まで

　ドイツでは人権デューデリジェンスを実施するにはコストがかかるため、法案成立前には経営者側からの反発もあった。しかし、法律が制定されれば、コンプライアンスとして遵守しなければならない。ヨーロッパ連合（EU）においても、2021年の時点で人権に関するデューデリジェンスの法整備に向けた最終段階での議論が進んでいる。

　人権デューデリジェンスを実施するにはコストがかかるとはいえ、企業にとっても万一に備え人権侵害が起こり企業イメージにダメージ

【図表 5-1】企業にも努力が求められ、国連・企業とステークホルダー
　　　　　（関係者）にも関連する主な国際的な取り決め

国連グローバルコンパクト	国連などが提唱	多国籍企業に「人権」「労働原則」「環境原則」遵守を要求
ミレニアム開発目標	国連	「八つの目標設定」
気候変動枠組条約第 11 回締約国会議（COP）	国連	2021 年第 26 回まで継続的に行われている
国連グローバルコンパクト日本ネットワーク	企業有志	日本でのグローバルコンパクトのネットワーク
持続可能な可能な開発目標（SDGs）	国連	2030 年を目標に「誰も取り残さない」社会を模索

筆者作成

を与える状況を回避することができる。ドイツ以外に法律を制定したのは、イギリス、フランス、オーストラリア、オランダなどである。これら諸国では、サプライチェーンの末端まで人権意識を浸透させようとしている。日本では 2020 年に企業の人権への対応を求める「行動計画」が発表されたが、法律の制定には至っていない。ヒト、モノ、カネが国境を越えて動くには 1 国あるいは複数の国の参加が望ましいが、国家間の交渉には利益が絡みあい条約の判定には長い時間がかかる。よって、条約的なハード法より各国政府やステークホルダーによって、約束、宣言するソフト法が、次々と出されている。【図表5-1】はその主な流れである。サプライチェーンの末端まで人権が重視されるようになれば、サプライチェーンの透明化、末端からの変革も可能になる。人権の重視が企業の正しいビジネスへと導くことを期待したい。

6. おわりに

　本章では、ディーセント・ワークを達成するには、単なる個々の企業の役割はもとより社会全体で仕組を変える取り組みが必要である点を強調してきた。現在のグローバル経済では、市場における競争が激化している。競争なので勝ち負けは明白で、「勝ち組」「負け組」と使われるのもここから派生しているのだろう。労働に貴賎なしというように、仕事に勝ち負けはもともとないはずだ。誰だって将来を担う子どもたちを思い浮かべながら、家族の団らん風景に思いを馳せながら、将来の夢の自己実現ため、希望をもって働きたいはずだ。今、求められているのは、世界の人々を思い浮かべ、あるいは自分の身の周りを見渡して、労働の尊厳という価値観を皆が共有することではないだろうか。

ディスカッション・ポイント

本章をふまえて考えてみましょう。

① グローバル化する現在、モノは国境を超えて製造されています。私たちが享受するモノの生産現場の状況を考えてみましょう。

② 主に先進国企業が途上国で人々を雇用する際に、労働者の人権を尊重し適切に仕事に従事するために必要なことを考えましょう。

③ 「仕事に貴賤なし」という尊さを再考しましょう。

④ やりがいのある労働とはどうしたら実現するのか考えましょう。

読書案内

著者	岩田正美 著	出版年	2017	出版社	筑摩書房
タイトル	『貧困の戦後史』				

▸ 2000年代に広がる経済格差によって貧困が生じる構造を「再認識」した著者の貧困は自己責任とする社会の現実を痛烈に批判し、貧困にある人がブラック企業引き寄せられる構造を表した書。

著者	マイケル・サンデル 著、鬼澤忍訳	出版年	2021	出版社	早川書房
タイトル	『実力も運のうち　能力主義は正義か』				

▸ なぜ社会に分断が起きるのか。それを学歴に求め、経済的に恵まれた層だけが大卒の資格を得て、社会的に優遇される実態を表した書。この社会分断の分析は今日の日本の現状にもあてはまる。

著者	武田尚子 著	出版年	2010	出版社	中央公論社
タイトル	『チョコレートの世界史』				

▸ 書名の通りチョコレートの成り立ちが主な論点だが、世界的なチョコレート製造会社の先んじた福利厚生制度が紹介されており、労働者の働きがいが生産性向上につながる点に着目して読むことをおすすめする。

著者	伊藤和子 著	出版年	2016	出版社	コモンズ
タイトル	『ファスト・ファッションはなぜ安い？』				

▸ アパレル企業の生産委託先バングラデシュで起きた縫製工場の崩壊で数千人が死亡・負傷した事例から、消費者に何ができるかを考えさせられる書。

コラム 1

ワクチンと国際協力（Gavi アライアンス）

平体由美

　20世紀半ば以来、ワクチンは命にかかわる病を大幅に減らし、子どもの死亡率を引き下げ、人々の生活の質を向上させてきた。日本では、たとえば麻疹により1950年代初頭には年間4,000人前後が死亡していたが、ワクチンが導入された1966年以降麻疹の発症数と死亡数はともに激減し、現在では年間の死亡数は10件台である。経済レベルや医療水準・医療アクセスの向上もこの結果には寄与しているが、ワクチンによる個人免疫の獲得は大きい。また、人口の90％が免疫を獲得すれば、アレルギーなど体質的にワクチンを接種できない人も結果的に守られることになる。これを集団免疫という。ワクチンは公衆衛生の柱の一つになっている。

　先進国では、ワクチン接種は医療と保健のシステムのなかですでに確立された制度である。しかし途上国ではまだ確立していない。理由としては第一に、ワクチンは開発にコストがかかるため高価となり、途上国政府が充分な量を確保することが難しいことである。第二に、ワクチン接種のために必要なインフラストラクチャー（電力設備が可能にするコールドチェーンなど）が整っていないため、ワクチンを変質させずに現地に届け、接種のときまで適切に温度管理し、使い捨ての清潔な注射針とシリンジで接種することが困難となっている。第三に、ワクチンを接種したり、誰に何回打ったかを記録したりするスタッ

フが充分に確保できないことである。ワクチン接種は複雑なシステム
によって支えられており、単にワクチンの数が充分か不充分かの問題
には留まらない。

　健康について誰一人取り残さないためには、ワクチンの国際協力も
必要である。現在それを担っているのは、2000年の世界経済フォー
ラムで発足したGaviアライアンス、すなわちワクチン提供のための
国際官民パートナーシップである。国際機関、各国政府、民間団体が
連携し、製薬会社に開発資金を提供して途上国向けワクチンを安値で
提供させたり、コールドチェーンの構築と医療・保健スタッフの育成
を支援するなどの活動を実施している。2020年までに約8億9,000
万人の子どもが混合ワクチン接種を受け、少なくとも1,500万人の
死亡を防いだと推定されている。母子健康手帳がワクチン接種記録の
ために活用されている地域もある（第4章参照）。日本は2011年か
らGaviアライアンスに参加し、2020年までに約265億円を拠出し
た他、いくつかの企業がコールドチェーン構築や、接種記録効率化の
ための支援をしているが、ワクチンの提供については今後の課題と
なっている。

　2019年末から世界的に感染拡大した新型コロナウイルス感染症に
ついては、2020年4月にWHO、Gaviアライアンス、感染症流行対
策イノベーション連合（The Coalition for Epidemic Preparedness
Innovations: CEPI）が主導してCOVAX（COVID-19 Vaccines
Global Access）を立ち上げ、共同購入などによって途上国へのワク
チン供給を支援する仕組みを整えた。新しく発生した感染症の場合、
ワクチンの開発と製造には多大なコストと新しい技術力知見が必要と
なるため、財政基盤の弱い途上国は先進国間のワクチン獲得競争に参
入することは難しい。支援なしではワクチンは先進国のみで独占され
るか、ワクチン生産国による自国の影響力拡大を念頭においたワクチ
ン外交に左右されることになる。COVAXは、より公正な分配のため

の一つの国際的取り組みとなっている。

　先進国に住む人々にとっては現在、ワクチンは打つか打たないかの選択の問題になっている。ワクチンの副反応についても評価は様々である。一方、ワクチンを入手できない途上国との間にも人とモノの流れは発生するため、先進国への感染症流入のリスクは存在する。アメリカでは 2000 年に麻疹の根絶宣言が出されていたが、2014 年 12 月にカリフォルニアのディズニーランドを訪れた客が麻疹を発症し、その後の追跡調査でアメリカ 7 州だけでなく、カナダとメキシコでも発症者が確認された。その後、カリフォルニアではワクチン接種の呼びかけが強化されたが、2019 年 10 月には再びディズニーランドから大規模な感染が発生した。この年には 1992 年以来はじめて全国の感染者が 1,200 人を超えた。ワクチンの安全性を高め、人々に丁寧に説明し、適切なリスク管理をすることの重要性は、どの国でも同様といえる。

コラム 2

プラネタリーバウンダリーと SDGs
──人間には自然が必要

一般社団法人コンサベーション・インターナショナル・ジャパン
理事　日比保史

　2023 年末に開催された国連気候変動枠組条約の第 28 回締約国会議では、化石燃料からの脱却や 2030 年までの再生可能エネルギー容量の 3 倍増に合意するなど一定の成果が見られた一方で、産業革命前からの地球の平均気温上昇を 1.5℃以内に抑える国際目標に向けては、隔たりがある（オントラックでない）との評価がなされた。また、2022 年末に開催された国連生物多様性条約第 15 回締約国会議では、急速に悪化する自然環境を回復軌道に乗せるために、生物多様性の損失を止め反転させる、いわゆるネイチャー・ポジティブを実現するための 23 の緊急行動目標が合意された。いずれも、2030 年までに現在の社会・経済のあり方のトランスフォーメーション（大転換）への道筋をつけることが、SDGs 実現に向けて不可欠であるとしている。

今そこにある危機

　1992 年に国連環境開発会議（地球サミット）が開催されて以降、気候変動や生物多様性、砂漠化などの地球環境問題が国際的に認識されるようになり、2015 年には持続可能な開発目標（SDGs）が採択された。企業の社会的責任や環境・社会に配慮した ESG(Environment,

【図表1】 プラネタリー・バウンダリー（地球の限界）

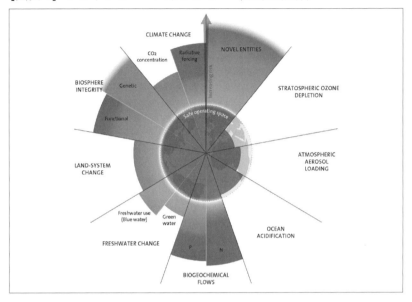

出典：Azote for Stockholm Resilience Centre, Stockholm University.Based on Richardson et al. 2023.

Society, and Governance: ESG) 投資、エシカル消費、そして温室効果ガスの排出量を実質ゼロとするカーボンニュートラルなど、この30年間に地球環境問題の解決に向けた様々な対策が進められてきた。

　しかしながら、欧州連合の「GHG emissionis of all world countries 2023」によると、1990年と2022年を比べると、二酸化炭素をはじめとする温室効果ガスの排出は62％増加しており、四半世紀の間に世界各地で異常気象や気象災害が頻発している。国連食糧農業機関によると、森林は毎年平均1,400万ヘクタール失われ、地球環境は悪化の一途をたどっている。【図表1】に示すとおり気候変動（climate change）はもちろんだが、生物多様性（生物圏の一体性，biosphere integrity）、窒素など農業にとって極めて重要な生物

地球化学的循環（biogeochemical flows）、土地利用（land-system change）については、人間活動による地球への影響がすでに持続可能な範囲、いわゆる「プラネタリー・バウンダリー（地球の限界）」を大きく超えてしまっているのが現状である。

　国際的な科学者のネットワークである気候変動に関する政府間パネル（Intergovernmental Planel on Climate Change: IPCC）では、産業革命前と比べた地球の平均気温の上昇幅が 1.5℃を超えれば、異常気象の増加と激甚化、水資源へのアクセスや食料生産、疫病の増加や拡大を含む衛生環境の維持、生態系や自然への悪影響、極地の氷の融解、海面上昇による沿岸浸食、海流の変化など、人類の安全な生存を脅かすレベルの様々な深刻な問題を引き起こすとしている。

　自然環境や生態系の健全性を支える生物多様性についてみれば、このままでは人間活動の結果、今後 100 万種の生物種が絶滅すると国連は警告している。なお、現在科学的に確認されている生物種は、約 190 万種といわれる（Chapman, 2009）。ちなみに、約 6600 万年前に恐竜が絶滅したときと比べて、現在の生物種の絶滅スピードは 1 万倍速いともいわれ、約 20 分毎に 1 種の生物種が地球上のどこかで絶滅しているとされる。自然環境や生態系を破壊している要因として特に影響が大きいのが農地の拡大であり、世界の森林破壊の約 3 分の 2 は途上国における森林の農地への転換に起因するといわれている。食料の生産目的だけでなく、洗剤や化粧品などの生活消費財や加工食品などに幅広く使われるパームオイルの原料である油ヤシ農園も急拡大しており、パームオイルは私たち日本人も日常的に消費している。つまり、オランウータンなどの絶滅危惧種が生息する熱帯雨林の破壊に、私たちが日頃から手を貸している可能性が高いのである。パームオイルは、森林破壊だけでなく、プランテーションで働く労働者の賃金、安全環境面など人権侵害を含む社会的な問題もとりざたされており、もはや生物多様性保全の問題だけではない。

自然とは、人間にとって不可欠な様々な便益を殖み出す「銀行」

　自然とは、「地球上のあらゆる生命とその生息地の総体」である。米国に拠点をおく国際環境 NGO コンサベーション・インターナショナルの前会長であるラッセル・ミッターマイヤーによれば、この地球という惑星を現在の形にしている生物種、生態系、生態的プロセスの一切が生物多様性であり、生物多様性によって支えられた自然は、様々な自然の恵みを殖み出す“地球銀行”の資本に他ならず、一度失われれば復元不可能なプロセスである。人間が自然から得る恵みをさす「生態系サービス」には、栄養塩の循環、土壌の生成と保持、木材や漁業資源、農作物などの生物資源の供給、水の循環と水源涵養、CO_2 の吸収・貯留、大気の浄化、気候の調整、土砂の流出防止や沿岸保全などの防災機能、そして、持続可能な観光、芸術などへのインスピレーション、精神的・宗教的価値などの文化的価値があり、人間が生物として生存し続けるためだけでなく社会的で文化的な営みを続けるためにも不可欠な財やサービスを提供してくれている。人類の文明が発展し続けるためには、生物多様性に支えられた健全な自然環境が必要不可欠である。

ネイチャー・ポジティブ

　SDGs で表される持続可能な開発を実現するためには、生物多様性や安定した気候によって維持された自然環境が不可欠である。人口増加が続くなかで持続可能な開発、すなわち将来世代が人間らしく生きることができる社会・経済を実現するために現在の社会・経済を転換するためには、経済・社会と自然環境が同時に良くなるような自然との関わり方が求められる。世界経済フォーラムの“The Future of Nature and Business 2020”レポートに示されるように、先進的な国や企業では、そのような社会や経済、企業活動のあり方を「ネイ

チャー・ポジティブ」と呼び、SDGs 実現に向けて不可欠な取り組み
と考えるようになりつつある。たとえば、森を守り再生させながら栽
培されたコーヒー豆に対して適切な価値を認める消費市場、あるい
は原材料が回収され環境負荷が少なく品質も高い再生原料を使った
ファッションなどが今注目されている。そして、このように企業活動
と自然の関係性について分析し、広く社会に向けて開示することを求
める国際基準である TNFD も 2023 年に発表されている。これらグ
ローバルに生産され消費される産業の多くは、原材料の調達や生産は
いわゆる発展途上国を中心に行われており、ネイチャー・ポジティブ、
すなわち持続可能な生産が実現されれば、生産に関わる人々の生活や
生計も持続的に良くなることも期待できる。このような取り組みは一
国や一企業でできるものではなく、まさに業界や国、企業や消費者の
立場を越えたパートナーシップ（すなわち SDG 目標 17）によって
のみ実現可能なものではないだろうか。

引用・参考文献

Chapman, A. D.（2009）. *Numbers of Living Species in Australia and the World.*
Canberra: Australian Biological Resources Study. pp. 1-80.

第6章

貧困とは何か
──子ども・女性・移民から考える不利の重なり

山本直子

本章のキーワード

貧困線　社会的排除　インターセクショナリティ

本章のテーマに関連する主要な SDGs 目標

貧困を なくそう	飢餓を ゼロに	すべての人に 健康と福祉を	質の高い教育を みんなに	ジェンダー平等を 実現しよう	安全な水とトイレ を世界中に
エネルギーを みんなに そしてクリーンに	働きがいも 経済成長も	産業と技術革新の 基盤を作ろう	人や国の不平等 をなくそう	住み続けられる まちづくりを	つくる責任 つかう責任
気候変動に 具体的な対策を	海の豊かさを 守ろう	陸の豊かさも 守ろう	平和と公正さを すべての人に	パートナーシップで 目標を達成しよう	

1. 総説

　「持続可能な開発目標」のゴールとして設けられた 17 項目のうち、最初に掲げられているのは、「あらゆる場所のあらゆる形態の貧困を終わらせる」という目標である。「貧困を終わらせる」という目標の重要性については、おそらく誰もが賛同するだろう。しかし、さらに考えを進めようとすると、いくつかの疑問が浮かぶ。「あらゆる場所」とはどこか？　貧困と聞くと、アフリカなど開発途上国の飢餓にあえぐ人々を頭に浮かべ、遠く自分とはかけ離れた国々の出来事だと考える人もいるかもしれない。貧困は、開発途上地域以外の場所にも存在するものなのだろうか？　もし貧困が先進国にも存在するとしても、それはその人自身や家族の問題であって、自分とは無関係なのではないか？　また、「あらゆる形態」とは一体どういうことなのだろう？　そもそも貧困とは、どういう状態か？

　本章では、わかっているようで複雑な「貧困」について考えていきたい。「貧困を終わらせる」といっても、そもそも誰が貧困で誰が貧困でないのかがわからなければ、手のつけようがない。貧困を社会科学として捉える視点をもつことが、貧困解決に向けた第一歩なのである。

　本章が中心的に扱うのは、子ども・女性・移民の貧困である。まずは貧困の概念、定義、測定方法について解説し、その後、先進国においても深刻な課題となっている子ども・女性・移民の貧困という社会問題について、それらがなぜ問題であるのかを考えていきたい。結論を先回りすると、貧困とは、単に所得が低い状態のみを指すのではない。貧困状態にあることによって、人は様々な場面での選択の可能性を大きく制約されることになる。この章では、貧困を不安定な経済状態としてのみ捉えるのではなく、　社会構造的な問題（「＝理不尽な格

差を生み出し、人々を社会の周縁に押しやる排除の構造」）として理解する視点をもつことを目指す。

2. 貧困とは何か
——「許容できない状態」の歴史的変遷

（1）貧困の定義

　貧困について考えるためには、「貧困とは何か」という定義や、「貧困をどう測るのか」という尺度（＝基準）が必要になってくる。まずは、この定義と尺度について考えるところから始めてみよう。当然のことだが、現代社会には多様な人が生活している。生活水準が高い人もいれば、低い人も存在する。どの社会でも、多かれ少なかれ、格差は存在するのである。社会において、ある程度の格差が存在するということ自体は仕方のないことだろう。貧困の撲滅を目指すということが意味するのは、完全に平等な社会を目指すということとは異なる。

　格差が存在すること自体が問題となるのではないのだとすると、何が問題なのか。岩田正美は、貧困と格差の違いについて、その状態にあることが「許容できない状態」かどうかが基準となるとする。だが、ここで再び疑問が生じる。それでは「許容できない状態」とは、どのような状態のことを指すのか。ある人は、お金がなくて食料を買うことができず常にお腹を空かせている状態を許容できない状態だと考えるかもしれないし、現代日本社会においては、スマートフォンを持っていないような状態など許容できない、と思っている人も多いことだろう。一方で、今日ほどスマートフォンが普及していなかった過去の時代では、スマートフォンや携帯電話を持っていないことを貧困と結びつける人などいなかったに違いない。このように、「許容できない状態」の示す意味や内容は、社会の価値判断を含み、時代や場所によって変わり得るものだということがわかるだろう。

かつて貧困は、個人的な特性に付随するものだと考えられてきた。たとえば、16世紀に制定された救貧法（The Poor Law）では、貧民は努力をしない「怠け者」として捉えられ、抑圧や管理の対象とされていたし、日本においても貧民救済は家族や人々の相互の助けあいによるべきであり、身寄りのない者にのみ恩恵的な措置を与えるべきだという考え方は古くからあった。このように貧困を病や治安・犯罪などに結びつけ、怠惰・依存といった個人的な特性の問題として捉える視点は、世界各地で見られたものである。しかしながら、このような視点から貧困の解決へつながる方法を見出すことは難しい。個人的な問題に対して個人や政治が介入することは望ましくないという結論に結びつきやすいからだ。必要とされるのは、貧困を個人主義的にではなく、社会構造の問題として捉える視点である。

(2) 絶対的貧困

　貧困を社会構造的な問題として捉える視点が生まれたのは、19世紀末のイギリスでのことだった。チャールズ・ブース（C. Booth）によって実施されたロンドンの大規模な貧困調査の結果、東ロンドンの3割もの人々が貧困状態におかれているという驚くべき実態が明らかになったのだった。この調査によってはじめて、貧困とは、怠惰・道徳的堕落というような個人の特性によるものではなく、雇用問題、環境要因、生活習慣などといった社会的な問題ではないか、という新たな視点が生まれたのである。さらに、同時期にシーボーム・ラウントリー（B. S. Rowntree）によって実施されたイギリスの地方都市ヨークにおける調査の結果からも同様に、当時の労働者の約28％が貧困状態にあることが判明した。ここから、貧困状態にある人々を「異質な者」「劣った者」と捉えて区別するような個人主義的視点から、貧困とは社会が作り出す問題であり、政府が介入して解決すべき問題であるという視点へと移行していったのである。

さて、リスターの整理によれば、ブースやラウントリーによる調査で用いられた定義では、貧困は、「基本的な身体的ニーズを満たすのに十分な貨幣の欠如」（リスター 2023: 46）として理解されており、「肉体的能率の維持」ができないようなギリギリのラインを貧困であるかそうでないかを区別する境界として設定するものであった。とくにラウントリーは、当時の労働者の生活様式を前提に、生活し労働するのに必要なカロリーを 3500 キロカロリーと設定して、これを確保するのに充分な食料を買うための金額を算定し、貧困線の定義に使った。このような定義の仕方は、今日では「絶対的貧困」として知られている。絶対的貧困とは、動物的な生存の維持が可能なレベルを貧困の基準とし、食料や衣料や住居などといった、生命を維持するために必要なものが欠けている状態を問題視する考え方である。

(3) 相対的剝奪
　第二次世界大戦後には、社会保障の充実と経済政策の成功によって、イギリスに暮らす人々の生活水準は向上していった。しかしながら、イギリス社会から貧困問題がなくなったかというとそうではなかった。経済が成長して、全体として人々の生活が豊かになったとしても、貧困は、依然として社会の深層にあり続けたのである。絶対的な基準では捉えきれない貧困の存在に人々が気づき、再び社会問題とされるようになるのは、1960 〜 70 年代にかけてのことだった。たしかに、1950 年代に実施された貧困調査では貧困線以下の世帯は 4.6％という結果であったとされる。しかしながら、人々の生活が確実に良くなるなかで、人々の「許容できない状態」に対する水準も高まっていき、当時のイギリスには、衣食住が満たされていてもなお、「許容できない状態」にあると思われる人々が存在することに着目されるようになっていったのである。
　それぞれの社会には、平均的な生活環境があり、人はそれらを手に

入れることができないとき、普通の生活から排除されていると感じる。人間は、ただ単に動物としての生命を維持できる分だけ食べて生きていれば良いというわけではなく、社会のなかの人間として生きていくことが必要なのだという点に着目したのは、ピーター・タウンゼント（P. B. Townsend）である。それまでの貧困の定義が単なる肉体的能率の維持に着目し、必要な栄養量を充足できる分の生活費を具体的に算出していたのに対し、タウンゼントが主張したのは、その時代、その社会の生活様式を反映させた基準が必要だということであった。そして、その社会における「普通の生活」がどのようなものであるかを定めるために、社会的な生活を送るために必須であると考えられる項目のリストを作成し、生活水準そのものを直接的に測定することを試みた。これが「剥奪指標」と呼ばれるものである。「剥奪」とは、人から権利や自由が奪われている状態を指す。タウンゼントによる貧困の測定は、その社会で「普通」と考えられている状態から、「普通」が奪われている度合い（＝相対的剥奪）を測るものであった。リストの中身は、1日3食食べることができているか、冷蔵庫を持っているか、病気になったときに医療サービスを受けることができるか、家庭に水洗便所、洗面所、備えつけの風呂またはシャワー、ガスまたは電気調理機があるか、といったような具体的な項目で構成されていた。このようにして、「普通の生活」から比べて、その人の生活に足りていないもの（＝相対的剥奪の度合い）を測ることにより、貧困の実態を測定しようとしたのである。この考え方は、現代でも「剥奪アプローチ」として多くの貧困調査に取り入れられている。

　現在、OECDやEUなど先進諸国の貧困を議論するときや、日本国内の生活保護基準を議論するときに用いられる「相対的貧困」は、タウンゼントによる貧困の理論を単純化したものであり、世帯所得を用いて算出される。算出の仕方は、国や機関によって少しずつ異なるが、たとえばOECDでは、世帯所得（収入から税や社会保険料を差し引

き、年金やそのほかの社会保障給付を加えた額）を世帯人数で調整し、その中央値の50％（EUや日本では60％）の基準以下で生活する人々を「貧困」とする定義が用いられている。このようにして所得により相対的な貧困を図る方法は、多くの国際機関や研究者に用いられ、今日、先進国の貧困を測るうえで最も一般的な基準となっている。

(4) ケイパビリティ論──自由の平等という観点

　タウンゼントによる貧困の考え方は、人間の最低生活とは、単に生物的に生存することのみでなく、その社会の一構成員として、人と関係をもったり、交流を楽しんだりすることも含まれていた。このように、貧困に社会参加の視点が取り込まれたことは、現代社会における貧困を考えるうえで重要な点である。多様性が進む現代社会では、所得の欠如という観点のみから貧困を捉えることはさらに難しくなっているからだ。さらに、近年では、カネやモノなどの欠如という観点以外の、もっと広い意味から貧困を捉えようという動きもみられるようになってきている。

　アマルティア・セン（Amartya Sen）は、「可能性の制約」という観点から多様な人々の生活を質的な側面を捉えようとして、ケイパビリティという概念に着目した。ケイパビリティとは、人が財やサービスを用いて何かをなし得ることができる「自由」の範囲、あるいは、人が実際に選択することができる選択肢の広さを表す概念である。具体的な例を示そう。たとえば、食事を摂らないという人がいた場合でも、金銭的な余裕がなくて食事を摂ることができないのか、宗教やダイエットを理由として食事を摂らないことをあえて選択しているかによって、その人がおかれた状況の深刻さは異なっているはずである。センは、その人が有する選択の幅に着目し、その幅を広げることが、人々の福祉を向上させることにつながると考えた。このように、貧困状態にあるということは、所得が低いことそのものが問題なのではな

く、所得が低いことによってその人にケイパビリティをもたらすことができないことが問題なのだと考える。センは、人の「選択の幅」を「自由」と捉え、自由を公平に享受できることこそ人にとっては重要であるとし、政府は、財を与えるだけではなく、与えられた財を活用するための能力を高めるためにも介入すべきだと考えた。こうしたセンの考え方は、その後の貧困概念に大きな影響を与え、教育、住環境、政治参加など、所得以外の観点も含めて多面的に貧困を捉える視点が生まれている。

(5) 社会的排除論──社会参加の平等という観点

　こうした考え方が広まるなかで、社会参加や、人としての尊厳に着目する考え方が各国の貧困削減のための政策に取り入れられるようになっている。阿部彩は、人の「必要」について、以下のように説明している。

　　人が社会の一員として生きていくためには、働いたり、結婚したり、人と交流したりすることが可能でなければならず、そのためには、たとえば、ただ単に寒さをしのぐだけの衣服ではなく、人前にでて恥ずかしくない程度の衣服が必要であろうし、電話などの通信手段や職場に行くための交通費なども必要であろう。これらの「費用」は、その社会の「通常」の生活レベルで決定されるのである。(阿部 2008:42)

　今日の社会において、物質的な欠乏のない最低限の暮らしができることはもちろん重要だが、そのことのみで人間らしい暮らしをしているとはいえない。仕事や学校に行くことができているか、友人や家族、仲間との関係性のなかで充実した暮らしを送ることができているか、他者から必要とされているという意味で承認欲求を満たすことができ

ているかといった観点も重要である。人間が社会的な存在である以上、社会において価値あるメンバーとしての関係性を築くことができないこと、つまり「関係性の欠如」は貧困に含められるべきだと考えられるようになってきているのである。社会のなかで人がおかれた「位置」や人と人との「関係」を重要視し、「社会との関わり」や「社会参加」という観点に着目した新しい考え方は「社会的排除論」と呼ばれる。

　社会的排除とは、簡単にいえば、社会に参加することができない状態、つまり、「社会から追い出される」ことである。この場合の「社会」とは、制度や仕組み、人間関係、物理的な場所や空間のことを指す。これまで示してきたような貧困は、人々の経済的な「状態」を表すものであったが、社会的排除は、個々人が社会から排除されていく「プロセス」を問題とする考え方である。たとえば、ある人が低いスキルしか持たないために、低所得で働かざるを得なかったり、労働市場から追い出されたりすることで、社会の仕組みから零れ落ちていくことや、差別を受け、みすぼらしい住宅に住まざるを得ず、その結果、健康に害を及ぼしたり、友人と交友関係をもてず、家族が崩壊したりするなど、不利な状態におかれた人々が、その状態におかれ続けることによって、さらなる複合的な不利な状態に陥っていく過程を問題視する考え方である。人が徐々に社会から追い出されていく過程に着目することによって、社会がどのようにその個人を貧困に追い込んでいくのかという「排除をする側＝社会」の仕組みや制度について考えることが可能となるのである。

3. 子ども・女性・移民の貧困
――インターセクショナリティという視点

(1) 子どもの貧困

　以上で述べてきたように、豊かな国にも貧困は存在する。ラウント
リーの調査によって、貧困とは低賃金や失業などといった雇用問題、
居住地域などの環境要因、疾病、老齢、多子などの要因によって引き
起こされる社会的な問題であるという視点が生まれ、ラウントリーは
同時に、普通の人々の一生において貧困に陥るきっかけとなる出来事
や、リスクが高まる時期が周期的に訪れることも発見している。リス
クが高まる時期とはすなわち、子ども期、子育て期、老齢期である。
子ども期とは、最初に貧困のリスクが高まる時期ということだ。【図
6-1】に示したのは OECD による子どもの相対的貧困率である。日本
の子どもの貧困率は 14.0％（日本は 2018 年のデータ）と、世界的に
も決して低い値ではない。子どもの貧困は、日本でも深刻な問題であ
る。

【図表 6-1】 各国の子どもの貧困率（％）
（※ 0-17 歳、2020 年時点。ただし、デンマーク、スイス、ドイツ、フランス、トルコ
は 2019 年、日本は 2018 年時点のデータ）

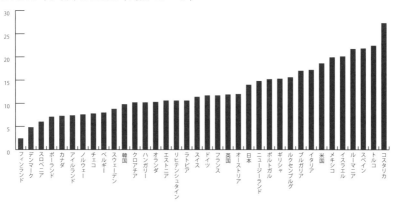

出典：OECD Child Well-Being Data Portal（CWBDP）をもとに筆者作成

さて、ここまで読み進めた読者は、子どもの貧困とは、単に世帯の所得が低く、お腹を空かせた子どもがいることがかわいそうだ、という単純な話ではないということをおわかりいただいたのではないだろうか。子どもという存在は、自身の生活の質を保護者に依存し、身体的な脆弱性をもち、生命や健康の維持の大部分を保護者の経済状況に依存する。そのため、子ども期の貧困は、成長や発達の阻害・不利として経験されることとなる。また、学校生活のあり方は、それぞれの家庭の生活様式からも影響を受けるため、教育達成という側面でも貧困であることが不利に働く可能性が高くなる。このように、子ども期の貧困は、学力、健康、家庭環境、自己肯定感などといった事柄に不利に働き、子どもの成長に悪影響を与える。貧困家庭に育つ子どもと、そうではない家庭に育つ子どもを比較したとき、貧しい子どもがより不利な立場にあるという事実は、あらゆる国のデータによって示されている。

　もちろん、令和の日本にあっても充分な食料を与えられない子どもはいるし、世界銀行のデータによると、1日あたり2.15USドル以下で暮らす「極度の貧困」状態にある人の数は、減少傾向にあるとはいえ、2019年時点でも未だ7億人を超えている。世界の紛争地域では劣悪な環境のなかで餓死するような子どもが存在することも忘れてはならない。貧困概念の拡大は、それまでの貧困がなくなったことを意味するわけではなく、失業や低所得などによる経済的欠如は、今でも貧困問題の中心的課題であり続けている。子どもの貧困を問題視することは、経済的欠如という側面についてはもちろんのこと、さらに広範かつ複雑な不利の経路にも着目することの必要性を訴えることなのである。人生の最も初期の段階で、社会的に排除され、選択肢が狭められてしまうことにより、その後の長い人生においても不利な状況から抜け出すことが難しくなってしまうという状況は、どの社会においても看過されるべきではない。

(2)　女性・移民の貧困

　子ども以外にも、女性、障がい者、エスニックマイノリティ（外国人）、高齢者といった属性をもつ人々は、貧困のリスクが高いことが知られている。【図6-2】は、OECD諸国の女性と男性の就業率の差を示しているが、多くの国で、女性は男性よりも就業率が低い傾向があることがわかる。データが示すのは、日本では女性の就業率は、男性よりも13.3ポイントも低く、仕事を得るという面で不利な状況にあるということだ。

　移民については、様々な国のデータから、移住した人は、その国で育った人よりも、収入が少なく、また不安定な仕事に就いている傾向が高いことがわかっている。次ページ【図6-3】は、移民とその国で生まれた人の失業率を比較したグラフである。多くの国で移民はその国で生まれた人に比べて失業率が高いことが示されている。日本では、

【図表6-2】　OECD諸国の女性と男性の就業率の差（％ポイント）
（※就業率は、「15〜64歳就業者数」／「15〜64歳人口」×100）

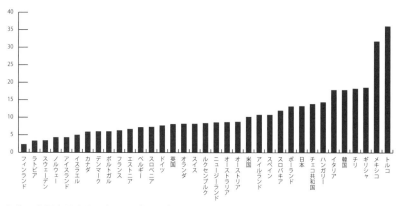

出典：内閣府男女共同参画局（2021）のデータをもとに筆者作成

【図表 6-3】 各国の移民の失業率（％）

（※ 15-64 歳、2022 年時点のデータ）

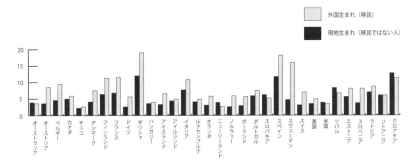

出典：OECD "International Migration Outlook 2023" をもとに筆者作成

政府の説明では移民を受け入れてはいないということになっているものの、2023 年 6 月の出入国在留管理局のデータをみると、約 322 万人の在留外国人のうちの約半数は、「永住者」や「定住者」などの在留資格をもつ定住性の高い人々であり、実質的に移民がいると考えて差し支えない状況である。国際的な統計には、日本の移民に関するデータが含まれていないことが多いものの、国勢調査などの国内の統計からは、生活保護受給率の高さや高校や大学への進学率の低さなど、日本に暮らす外国人住民が、社会経済的に不利な状況におかれている割合が高いことがわかってきている。

　【図表 6-4】に示したのは各国の移民の男女別の失業率である。移民であり、かつ女性である、など、社会的に弱い立場となる条件が重なったとき、状況はさらに深刻になることがある。ほとんどの国で、移民の女性は移民の男性に比べて失業率が高い。

　女性、移民がおかれた状況の不利は、単なる所得の低さや失業率の高さとして示されるのみに留まらない。現代社会において、女性であることや、移民であることは、困難や脅威に直面した際に、ダメージが直撃しやすいということでもある。2008 年のリーマン・ショック

【図表6-4】各国の移民の男女別失業率（%）
(※ 15-64 歳、2022 年時点のデータ)

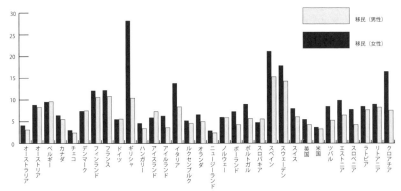

出典：OECD "International Migration Outlook 2023" をもとに筆者作成

の際には、多くの移民が職を失ったことが世界各地で報告されたし、
2019 年に始まったコロナ禍では、非正規の雇用形態であったり、サー
ビス業などリモートワークしづらい仕事に従事したりしていることが
多い女性や移民が直面した困難は深刻であった。非正規雇用である者
は、真っ先に失業の危機に直面し、リモートワークの選択肢がないま
まに感染のリスクにさらされながら働くことを余儀なくされた人々も
多くいた。移民であり、女性であり、子どもである、というように、
社会的に弱い立場となる要素が幾重にも重なった場合に、貧困に陥る
リスクや貧困の経験は、その他の人々とはまったく異なるものとなる。
このように、様々な不利が重なりあうことにより、それぞれが相互に
関連しあい、物事の結果や人々の経験に影響を及ぼす様を、「インター
セクショナリティ（＝交差性）」と呼ぶ。

(3)　不利の重なりからみる貧困の経験
　貧困の程度や性質は、その人がおかれた属性や立場によって規定さ
れる。さらに、「貧困である」という経験は、その人の年齢、ジェン

ダー、肌の色、民族、社会階級、性的指向、障がいの有無、兄弟姉妹の数、住んでいる地域などによってそれぞれ異なり、その経験が与える影響も同じではない。

　子ども期に貧困状態におかれるということは、単なる物質的な欠乏を経験するということだけではなく、心身が成長する過敏な時期に、恥辱を伴う経験を味わうということでもある。周りの友人が持っているのと同じような流行の靴や洋服を買うことができなかったり、修学旅行に行くことができなかったりするという経験は、とくに思春期の子どもにとっては心に傷を負う記憶となるかもしれない。貧困を、「経験」という側面から考えるとき、子ども期の貧困は、自己肯定感や友人関係の形成などの面において、その人の一生に及ぼす影響が甚大なものとなる可能性が高いことがわかるだろう。

　貧困が与える経験の違いを性別からも考えてみよう。男性と女性が同じように貧困状態にあったとしても、性別によって経験する事柄は異なってくる。女性の場合には、食料や衣服に不自由したり、冠婚葬祭や飲み会など、社交の場に行くことが制限されたりするなど、おそらく性別・ジェンダーに関係なく共通に直面する困難な経験に加えて、生理用品が買えず、生理期間の外出に不安を感じる、というような女性に特有の経験をする可能性がある。

　移民の場合には、収入に結びつく就労を得るために苦労することになるかもしれない。受け入れ先の国の言葉に精通していない場合には、必要とする制度やサービスに行きつくために、余分なお金がかかるだろうし、家を探す際にも、外国人に貸してくれる住居となると選択肢は狭められ、家賃の高い部屋を選ばざるを得ないかもしれない。就労時間帯が不規則であったり、夜勤の多い仕事に就いていたら、移住先の国の公用語を学ぶ機会は狭められるだろう。

　移民の子どもや、母子世帯の子どもなど、いくつもの不利な属性や条件が重なりあうとき、さらなる不利を呼び込むような状況が強化さ

れることもある。日本の母子世帯の貧困率は突出して高いことが指摘されているし、移民の子どもの進学率が低いことも明らかになってきている。貧困は、他の社会的不利と相互に関係し影響を及ぼしあう。松本伊智朗は、このことを以下のように説明する。

　　例えばある母子世帯の母親の所得が低く、それが劣悪な住環境を
　招き、その結果子どもの喘息が悪化し、病院に連れていくために
　母親が仕事を欠勤がちとなり、やがて退職を余儀なくされ、その
　結果子どもが保育所を退所することになり、孤立的な子育てにな
　り、母親が過労とストレスで心身の調子を壊し、就労がより困難
　になり借金をするといったように、経済的資源の少なさと他の不
　利が相互に関係し、現実の貧困の経験を構成している。こうした
　生活過程における不利の連鎖と蓄積が、貧困をより長期的、固定
　的なものにする。(松本 2019:47)

　移民の子どもが貧困状態におかれたとき、その子どもが被ることになる経験は、移民ではない貧困の子どもの経験とは本質的に異なるものとなる。貧困世帯の子どもが海外旅行に行くことができない、という経験は、単なる娯楽が欠如した状態である。しかしながら、移民の子どもが貧困状態により、国境を越えるような旅費を出すことができない状態にあるということの意味は、単なる家族旅行という経験の不足というだけではなく、親の出身国を訪問することができずに家族や親族との関係性が希薄になっていくこと、母語が失われていくことなどを意味し、自分自身のルーツが不確かな感覚を味わい、アイデンティティや自尊心にゆらぎが生じる、ということともつながるかもしれない。不利な要素が重なりあったときに生じることが、その人のその後の人生をゆがめ、制約してしまうという現代社会の問題を考えるうえで、インターセクショナリティという概念を理解し、貧困を複合

的な視点から理解することが求められているのである。

　2019年より、日本は非熟練労働に従事する外国人を公式に受け入れる方向に舵をきった。日本国内の労働力に占める外国人労働者の割合はますます増加傾向にあり、もはや日本の産業は、外国人の労働力なしにはなりたたない。貧困や不利の連鎖に陥る経路を、自己責任の問題であるとして放置するのではなく、社会構造に問題があるのだということに目を向け対応していくことは、移民を受け入れることを選択した国としての国際社会における責任でもあるのだ。

4.　おわりに

　SDGsのターゲットとして、1.2では、「2030年までに、各国定義によるあらゆる次元の貧困状態にある、すべての年齢の男性、女性、子どもの割合を半減させる」とされている。それでは、どうすれば貧困を生み出さない社会を構築することができるだろう？

　貧困の削減のために、世界中で様々な議論が生まれている。同一労働同一賃金などの分配政策だけなく、普遍的に経済的な保障を行う仕組みを目指す「ベーシックインカム」といった再分配の新しい制度や仕組みの検討や議論が進んでおり、海外では実際に制度として導入する国も生まれている。さらに、関係性や承認の欠如といった課題への対処としては、たとえば、2023年5月には、孤独・孤立対策推進法が制定され、国に施策の計画や実施を行うことが義務づけられることとなっているなど、日本でも社会的排除は、社会全体の課題として受け止められるようになってきている。

　本章では、貧困を社会構造的な問題として捉え、人々の経験から不利の構造を考えることを試みてきた。貧困問題は、経済のみではなく、人権、民主主義、シティズンシップ、社会関係、承認など、非常に多くの学問分野を横断して理解されるべき事象である。貧困とは、遠い

国の出来事ではない。人として許容すべきではない状態とはどのような状態であるのかを、一人ひとりが自分自身の問題として捉え、考え続けていくことが求められている。

引用・参考文献

阿部彩（2008）『子どもの貧困──日本の不公平を考える』岩波新書。

岩田正美（2007）『現代の貧困──ワーキングプア／ホームレス／生活保護』ちくま新書。

金子充（2017）『入門　貧困論──ささえあう／たすけあう社会をつくるために』明石書店。

ルース・リスター（2023）松本伊智朗訳『新版　貧困とはなにか──概念・言説・ポリティクス』明石書店。

志賀信夫 (2022)『貧困理論入門──連帯による自由の平等』堀之内出版。

出入国在留管理庁（2023）「令和 5 年 6 月末現在における在留外国人数について」https://www.moj.go.jp/isa/publications/press/13_00036.html（2023 年 12 月 19 日アクセス）

総務省（2022）『労働力調査（基本集計）』https://www.stat.go.jp/data/roudou/sokuhou/nen/ft/pdf/index.pdf（2023 年 11 月 30 日アクセス）

松本伊智朗（2019）「なぜ、どのように、子どもの貧困を問題にするのか」松本伊智朗編著『シリーズ子どもの貧困①　生まれ、育つ基盤──子どもの貧困と家族・社会』明石書店、19-62 頁。

ディスカッション・ポイント

本章をふまえて考えてみよう。

① あなたの考える現代社会における「許容できない状態」とは、どのような状態でしょうか。

② 「貧困状態」ではない状態とは、どのような状態でしょう？人が幸福に生きていくためには、何が重視されるべきでしょうか。

③ 経済的な欠如という観点では、生活保護や児童扶養手当などの給付行政の充実により改善させることができるが、社会的な関係性や承認の欠如に対しては何ができるでしょうか。

読書案内

著者	阿部彩 著	出版年	2008	出版社	岩波新書
タイトル	『子どもの貧困——日本の不公平を考える』				

▸ 本書は、国内外の豊富なデータをもとに子どもの貧困について詳細に解説し、不利と貧困の関係について論じている。子どもの貧困を学ぶ際の必読書である。

著者	金子充 著	出版年	2017	出版社	明石書店
タイトル	『入門　貧困論 ——ささえあう / たすけあう社会をつくるために』				

▸ 本書は、日本や世界における貧困・格差がどのように論じられてきたかを説明しつつ、貧困と社会保障について包括的・体系的に整理した入門書である。

著者	ルース・リスター 著、松本伊智朗 訳	出版年	2023	出版社	明石書店
タイトル	『新版　貧困とはなにか——概念・言説・ポリティクス』				

▸ 本書は、ウェルビーイング、潜在能力、社会的区分、人権、シティズンシップといった貧困に関連する重要概念の理解を深めつつ、貧困者の視点からみた貧困の意味について学ぶことができる。

第7章

貧困と飢餓の撲滅

望月克哉

本章のキーワード

貧困削減　格差　脆弱層

本章のテーマに関連する主要な SDGs 目標

貧困を なくそう	飢餓を ゼロに	すべての人に 健康と福祉を	質の高い教育を みんなに	ジェンダー平等を 実現しよう	安全な水とトイレ を世界中に
エネルギーを みんなに そしてクリーンに	働きがいも 経済成長も	産業と技術革新の 基盤を作ろう	人や国の不平等 をなくそう	住み続けられる まちづくりを	つくる責任 つかう責任
気候変動に 具体的な対策を	海の豊かさを 守ろう	陸の豊かさも 守ろう	平和と公正さを すべての人に	パートナーシップで 目標を達成しよう	

1. 総説

　21世紀への世紀転換（ミレニアム）期を経て貧困問題への取り組みは国際社会にとっての課題となり、その撲滅が標榜されてきたが、今日では貧困緩和あるいは貧困削減という用語が一般化している。貧困問題には多様な側面があることから、経済成長を志向する開発ばかりではなく、教育や保健をはじめとする社会開発を通じた取り組みも不可欠との認識が広がった。2000年に発動されたミレニアム開発目標（Millennium Development Goals: MDGs）達成のための取り組みは、こうした背景のもとに進められたものである。

　貧困問題への取り組みの担い手についても、従来のように政府の責任としてのみ捉えるのではなく、特にいわゆる開発途上国（以下、途上国）を支援してきた国際機関や非政府組織、さらに市民や企業（「ビジネス」とも称される）が果たす役割も認識されるようになった。これは国際社会での論議を通じてパートナーシップの考え方が定着してきたこととも無縁ではない。様々な担い手が共通の目標達成に向けて連携することの重要性が、これまでの開発協力、とりわけMDGs達成に向けた取り組みのなかで明らかになったからでもある。

　MDGsが掲げた八つの目標（Goal）のうちで第一に掲げられたのが「極度の貧困と飢餓の撲滅」であった。1990年を基準として、「極度の貧困」や「飢餓」に苦しむ人々の数をそれぞれ半減させることを達成すべきターゲットとしていた。2015年に発動された持続可能な開発目標（SDGs）では、MDGs目標1の二つのターゲットを別々の目標（Goal）として掲げ直し、さらに具体的なターゲットを設定して取り組むことになった。

　本章では、前述の経緯をふまえて、特にアフリカ地域を念頭に置きつつ、SDGsにおける貧困と飢餓への取り組みについて見てゆく。ま

ず、SDGs に先行した MDGs の経験を振り返り、貧困や飢餓への対処がどのようになされてきたのか、残された課題とは何かを確認する。そのうえで、SDGs における目標（Goal）とターゲットをアフリカ地域で達成するために、何が求められるのかを考察する。

2. 貧困：MDGs が取り残した課題

(1) 強調されすぎた「極度の貧困」

　MDGs 目標 1 のターゲット 1 には、達成年とされた 2015 年までに 1 日 1US ドル（当時の貧困ライン）未満で生活する人口を半減させることが掲げられていた。世界銀行の「世界開発報告 1990」によると、基準年とされた 1990 年段階では、世界人口の 3 割弱、12 億人を超える人々が「極度の貧困」状態にあった。まずはこの人口を、MDGs の達成年とされていた 2015 年までに、半減させるための取り組みが続けられたのである。国際的な目標である MDGs は、これに合意した各国政府にとっての国際約定ないしは国際公約となったことから、その達成のために国をあげた努力を求められていた。各国は、政府内に MDGs 担当部局を設けるとともに、国連開発計画（United Nations Development Programme: UNDP）はじめ関係国際機関などとも連携しながら目標達成のための取り組みを継続した。

　すでに経済発展の歩みを始めていた途上国・地域にとっては、MDGs 達成に向けた国際的支援が追い風となり、貧困削減の道筋がつき始めた。この傾向は、目標達成までの中間年に実施された成果のレビューにおいて明らかになった。特に顕著であったのはアジア・太平洋地域の諸国であり、MDGs のもとで掲げられた目標を上回る速さで「極度の貧困」状態にある人口が減少した。こうした貧困層が人口の高い割合を占めていた南アジア地域でも、概ね MDGs 目標に沿った削減トレンドが見られたのである。

しかしながら、唯一サハラ以南アフリカ地域のみは、貧困人口の減少傾向がわずかなものに留まっていた。1990 年段階で総人口の約45％と見られていた「極度の貧困」状態にある人々を 2015 年までに半減させるという目標の達成は、すでに 2008 年に行われた中間レビューの時点で、達成困難という判断がなされてしまった。貧困削減に結びつく MDGs の他の目標、たとえば社会開発分野における目標 2 として掲げられた普遍的初等教育の達成などについては進捗が見通されていたものの、目標 5 とされた妊産婦の健康の改善なども期待された水準には達していなかったからである。

(2)「半減」させることの難しさ

　MDGs 達成に向けた取り組みが始まった 2000 年代、グローバル経済の様相は、まだら模様であった。1990 年代までの各国の経済運営には相違があり、経済成長を維持できた国もあれば、これが停滞した国も少なくなかったからである。各国の人々の経済水準も、それぞれの国家経済のパフォーマンスを反映して、以前に比べて生活を向上させた人々がいる一方、経済停滞により貧困化する人々が少なくなかった。

　アジア地域では、1990 年代までに東アジア諸国や東南アジア諸国の一部が経済成長の軌道に乗ったと見られていた。シンガポール、台湾、韓国、さらにタイ、マレーシアなどの経済パフォーマンスが注目され、世界銀行が 1993 年に発表した報告書のタイトル『東アジアの奇跡』がこれを象徴している。しかし、好調を維持すると見られていたアジア諸国の経済は、その後まもなく危機的状況に陥ることになった。1997 年にタイで発生した通貨価値の暴落が、フィリピン、マレーシア、インドネシア、さらには韓国にも波及して、各国経済の不調はその後も尾を引いた。この「アジア通貨危機」と称された事態により、一挙に経済成長は鈍化して、多くの国々が経済停滞に陥り、生活に困

難をきたす人口が急増したのである。

　これに対して、1990 年代まで長く経済停滞が続いてきたアフリカ地域では、2000 年代に入ると回復の兆候が現れた。その一つの要因が国際資源価格の高騰で、特に石油をはじめとする鉱産物の輸出に依存してきたアフリカ諸国の経済は、そうした一次産品価格の上昇によって活況を呈し始めた。石油産出国をはじめとする資源輸出国の財政収入は増加して、これにより政府支出も増額されたことで経済活動が活性化した。公的部門の役割が大きいアフリカ経済では、政府支出が増えることで財やサービスの取引も活発になるからである。とりわけ衣料品、食料品など消費財の輸出入や国内取引が伸びたことで、サービス産業に従事する人々の所得が増えたと考えられる。基幹部門である農業など関連産業も好影響を受けて、人々はモノやカネが増えるという「豊かさ」を実感できたのである。

　以上のようにアジアとアフリカの両地域は対照的なパフォーマンスを見せたが、いずれもがグローバル経済の影響のもとに生じた現象である。経済がグローバル化するなかで、各国の経済状況は通貨価値や国際資源価格などの変動にさらされ、それらが国家経済、さらには人々の生活にも波及することになった。ここで注意しなければならないのは、一つの国の経済が好不況を経験するとはいっても、そこで暮らす人々がすべて同様に豊かになったり、貧しくなったりするわけではない、ということである。好景気を享受する国にも、その恩恵にあずかれない人々はおり、逆に不況にあえぐ経済のなかでも儲ける者はある。国家経済の浮沈とは異なるタイミングと事情のなかで、人々の富裕化と貧困化が生じており、いわゆる所得格差の拡大が進んできたことを忘れてはなるまい。

（3）広がる格差
　21 世紀への世紀転換期に国際社会が希求していたのは、前世紀ま

での人類の課題のリセットであり、貧困削減を中核とする MDGs は
それを象徴するものであった。たとえば市民社会の側からは、世紀転
換のタイミングで途上国が抱えていた累積債務を帳消しにする運動な
ども続けられていた。後発開発途上国、いわゆる最貧国を中心に、外
国の政府や金融機関からの資金借入によって生じた債務が重荷とな
り、思うように経済・社会開発を進められない政府が少なくなかった
からである。いわば国家間の格差を過度に拡大させないために、まず
は国家財政での裁量範囲を広げる方策として、対外累積債務の軽減を
図ろうとしたものであった。

　途上国の対外累積債務問題は、すでに 1980 年代から国際的な課題
となっており、ブラジルなどラテン・アメリカ諸国をはじめとして多
大な民間債務を抱えた国々の救済策が講じられてきた。とりわけ途上
国が、先進国をはじめとするドナー（援助国）だけではなく、国際通
貨基金（International Monetary Fund: IMF）や世界銀行など国際開発金
融機関から借り入れた開発資金が累積債務となり、その利払いや元本
返済が各国政府に重くのしかかっていた。こうした公的債務が借入国
にとって重圧となり、財政が破綻しかねない状況に陥るに及んで、よ
うやく国際社会が重い腰を上げたともいえる。ドナー諸国・機関によ
る債務救済イニシアティブもまた、世紀転換のタイミングで推進され
ることになった。

　すでに開発協力・支援の領域では、1990 年代を通じて貧困削減
の取り組みが進められていた。なかでも世界銀行は、いち早く貧困
問題への取り組みを開始し、その報告書である『世界開発報告 2000
／ 2001』でも貧困削減についての国際的合意を前面に掲げるととも
に、資金提供の対象であった債務国に対して「貧困削減戦略（Poverty
Reduction Strategy）」の策定を求めた。上述した債務削減イニシア
ティブの適用条件として、この戦略を明文化した「貧困削減戦略文
書（Poverty Reduction Strategy Paper: PRSP）」について実効をあげつつ

経済を安定化させることが求められた。その結果、いわゆる重債務貧困国（Heavily Indebted Poor Countries: HIPC）をはじめとして多くの途上国が貧困削減に取り組むことになった。まさに、そうした風潮のなかでMDGsが発動され、国際社会が取り組んだのが貧困撲滅であり、なかでも「極度の貧困」、すなわち絶対的貧困の状態にある人々を減らすことなのであった。

3. 飢餓：取り組みの道筋を示す試み

（1）地球規模課題としての飢餓

　人類はその歴史のなかで、しばしば飢餓（hunger）や飢饉（famine）という状況に直面し、そのたびに多くの生命を失ってきた。こうした状況への対処としては、まず食糧を備蓄することであり、そのために食糧増産に励むことが求められた。時代や地域を問わず、人々は飢餓と息長く向きあってきており、そこには少ないながら成功した営みもあったが、むしろあまたの失敗と教訓の道筋であったというべきであろう。貧困との闘いがそうであったように、飢餓への取り組みの成果がすぐに現れるものではなく、またすべての人々に等しくゆきわたるものでもない。飢餓問題への対処の難しさは、まさにここにある。

　貧困と同様に深刻なのは、飢餓がもたらす影響が長期にわたることである。そもそも人々を飢餓状況に陥らせてきたのは、たとえば干ばつや、それに伴う不作といったものであり、一つの作季であっても甚大な影響を及ぼす食糧不足が、数年にわたって続く場合すらあった。これが農地をはじめとする人々の生活基盤を奪い、たとえてみれば「環境難民」として、望まぬ移住を強いられる事態にも発展した。なんとか踏み留まった人々の生活再建も容易ではなく、その影響は人々の心身にも及ぶものとなった。MDGsにおいて、貧困とともに飢餓の撲滅が目標1とされたのは、前述のような経緯によるものである。

干ばつとそれが引き起こした飢餓は、これが頻発していたアフリカ大陸でも、優れて地域的な自然災害と認識されてきた。しかし 1970年代にサハラ砂漠縁辺部（サヘル地帯）の広い範囲で発生した干ばつ、とりわけ 1968 年から 73 年まで続いた「サヘルの大干ばつ」が地域住民に未曾有の被害をもたらすに及んで、国際社会の見方は大きく転換する。メディアが伝えた深刻な飢餓状況を目の当たりにした人々が、世界各地で飢餓救済キャンペーンを展開したからである。なかでも 1984 年のエチオピア飢饉を契機に、イギリスとアイルランドの著名なミュージシャンが連帯した「バンド・エイド（Band Aid）」の楽曲とパフォーマンスは国際社会に広くアピールし、その後の貧困・飢餓対策をめぐる国境を越えた連帯のモデルともなっている。干ばつやこれに伴う土壌の乾燥化・不毛化（いわゆる砂漠化）が、今日でいう地球規模課題として意識されるようになったのである。

(2) 飢餓撲滅に至る道筋

　貧困問題とセットで飢餓問題に取り組むことが求められていたMDGs とは異なり、SDGs においては飢餓の撲滅を焦点としつつも、これに関連する取り組みを合わせて掲げることになった。これはSDGs 目標 2 の文言、「飢餓に終止符を打ち、食糧の安全確保と栄養状態の改善を達成するとともに、持続可能な農業を推進する」に要約されている。この目標 2 の下に列挙された八つのターゲットのうち、最初の五つはそれぞれ飢餓撲滅、栄養改善、小規模生産者の所得倍増、強靭な農業の実践と環境への適応、生物多様性の保全と便益の共有である。これらのなかで、栄養改善に関するターゲット 2.2 で焦点とされているのは、乳幼児をはじめとした栄養失調の撲滅と、若年女子、妊産婦、高齢者の栄養ニーズへの対処とされており、「脆弱層」を強く意識した書きぶりとなっている。

　後半の三つのターゲットには目標達成のための方策や手段を列挙し

ているが、それぞれ 2.a は国際協力を通じた途上国の農業生産強化、2.b は農業関連の貿易措置、2.c は農産物市場と価格の安定化を求めている。いずれも農業関連の取り組みとして、目標 2 が掲げている「持続可能な農業」を達成するために必要とされるものである。一見、飢餓撲滅という MDGs 以来の開発目標から乖離しているようにもうつるが、その達成に至るプロセスには食糧安全保障、栄養改善という目標が介在していることに注目しなければならない。長期間を要する飢餓撲滅に至る道筋が示されていると解釈すべきであろう。

　ただし、この目標 2 についての評価は分かれる。前述のとおり、農業分野での取り組みを通じた道筋こそ示されているものの、それが飢餓撲滅のための唯一の方策とはいいがたいからである。たとえば目標 2 の達成には食糧安全保障が不可欠なものとされているが、これを確保する方策はターゲット 2.a にある国際協力を通じた農業生産強化である。人間の安全保障の考え方を打ち出したアマルティア・センは、飢餓の考察を通じて「欠乏からの自由」の確保を提唱したが、これを実現するための方策は人々が能力（capability）を発揮することであるとした。つまり途上国の農民の能力を引き出すことが求められているのであり、それは生産に限られたものではあるまい。農業生産物の貯蔵や流通について農民の能力が向上すれば、それは生産強化と同様に食糧安全保障に寄与することは間違いない。SDGs 目標 2 は従来の飢餓撲滅の議論からは次元を変えており、ややうがった見方をすれば、農業関連の開発目標・ターゲットを書き込むために大きなスペースを割いたといえるかもしれない。

4.　開発目標達成に求められるもの

(1)「脆弱層」とは誰か
　まず問わなければならないのは、そもそも SDGs がターゲットと

しているのは誰か、そこで想定されている「脆弱層」（脆弱な状況のなかで暮らす人々）とは、どのような人たちか、ということである。SDGsに先駆けて国際社会がMDGsの達成を追及していたときにも「脆弱層」は視野に入っており、そうした人々をめぐる問題を解消することが追求されていた。しかしながら、MDGsで目標達成の対象とされていたのは「極度の貧困」に苦しむ人々、すなわち貧困ライン以下の生活水準にある人々であり、具体的には1日1USドル（当時、2022年の改定により2.15USドル）未満で生活する人口であった。つまり貧困解消を働きかける対象が、実際に貧困に苦しむ人々よりも範囲が狭かった、といわざるを得ない。MDGs達成の責務を背負った関係国・機関も、まずは「極度の貧困」の解消に注力せざるを得なかったのである。

　しかし、そうした取り組みから「取り残された」人々がいたことはいうまでもない。本章で注目している貧困や飢餓を念頭に考えれば、次のような「脆弱層」が存在したことは容易に想像できる。たとえば、安定した雇用はないものの、平均すれば1日1USドルの水準を超える収入があり、「極度の貧困」とまではいえない困窮状態にあった人々である。また、余剰作物による販売収入は限られているものの、自家消費する食糧作物は生産できている農民とその家族といった存在も同様である。見かけ上は、貧困とまではいえず、飢餓状態にはなかった人々がいたはずで、これらの人々が「脆弱層」と捉えられるべきなのである。

　前述した「脆弱層」は、これらの人々を取り巻く状況の変化によって、「極度の貧困」や飢餓状態に陥ってしまう。安定した雇用がない人々は、疾病などにより働くことができなくなれば、たちまちに生活を支えるための収入を失ってしまう。また、食糧自給ができていた農民たちも、病虫害はもとより、干ばつのような気候変動に見舞われれば、自身や家族の生命をつなぐ糧を失いかねない。いわば生存のための、ぎりぎ

りのラインにいる人々は、わずかな変化・変動によって深刻な状態に陥るリスクを抱えており、その意味で脆弱な人々、すなわち「脆弱層」といえるのである。

　MDGs が掲げた八つの目標はいずれも「貧困層」に関わるものであったが、SDGs においては、さらに広く「脆弱層」までも視野に入れた取り組みを求めている。たとえば SDGs の目標 1 は「あらゆる場所で、あらゆる形態の貧困に終止符を打つ」と謳い、そのターゲット 1.2 で「あらゆる次元の貧困状態」に範囲を広げたうえで、続くターゲット 1.3 からターゲット 1.5 では明確に「脆弱層」を対象に含めている。同様に目標 2 でも、ターゲット 2.1 には「すべての人々」を対象に掲げつつ「特に貧困層及び幼児を含む脆弱な立場にある人々」を挙げており、ターゲット 2.2 でも乳幼児、若年女子、妊産婦、高齢者といった「脆弱層」を具体的に挙げている点には注目すべきである。これらの点こそが SDGs において「誰一人取り残さない」というメッセージが掲げられているゆえんでもある。

(2) 計画や政策を立案・実施する主体

　SDGs における取り組みについて特筆すべきものとして、各目標について掲げられたターゲットが、さらに具体的なものになった点とともに、目標達成のための具体的な手段もまたターゲットとされた点がある。たとえば SDGs の目標 1 では、ターゲット 1.1 から 1.5 に続き、まず 1.a として「あらゆる次元での貧困を終わらせるための計画や政策を実施する」ことを掲げたうえ、さらに 1.b では「貧困層やジェンダーに配慮した開発戦略に基づいた適正な政策的枠組み」を設置するとしている。この点は、達成すべきターゲットのみを掲げて、達成のための方策や手段は明示せず、関係国・機関に委ねていた MDGs とは異なっており、より入念に作り込まれた開発目標といえる。

　ここで注目しなければならないのは、貧困撲滅のための計画や政策

を立案するのは誰かということである。MDGs 達成の取り組みにおいては、各国政府内に専門部局が設けられていた点は上述したとおりである。では SDGs においてどうかといえば、その目標 1 のターゲット 1.a では計画や政策の実施について明記しているが、その主体は書かれていない。同様にターゲット 1.b には適正な政策的枠組みを設定すると書かれているものの、設定する主体は明示されていない。あるいは、主体が誰であるかは SDGs に取り組む者にとっては自明のことであり、あえて記載するまでもないのかもしれない。とはいえ、各国政府などが働きかけるにしても、まずは実施する主体が誰かを明確にする必要がある。この点は、貧困撲滅をめぐる取り組みのオーナーシップ（主体性）の問題としても検討しておく必要があるだろう。

　前節で、1990 年代末に世界銀行が主導して重債務貧困国（HIPC）に対し「貧困削減戦略文書（PRSP）」の策定を求めていたことに触れた。債務救済を主目的として関係国・機関の合意のもとに行われたものながら、その後の貧困削減の取り組みを考えるうえでは示唆に富んでいる。まず、取り組みの主体は債務国、したがって途上国であった。そして、戦略文書もまた途上国側でまとめるものとされていた。さらに、貧困削減の手法としても、この目的のために優先的な財政支出を行う「中期枠組み」の設定が途上国側に求められていた。この流れが MDGs、さらに SDGs にも受け継がれているとすれば、主体は目標達成に取り組む国とその政府に他ならず、オーナーシップもまたそこに所在することになる。とはいえ、途上国側の政策立案や実施の能力に限界があるのは明らかであり、また先進国側には民間部門を無視できないという事情もあることから、国とその政府のみを取り組みの主体と考えることはできまい。

（3）市民や企業（ビジネス）の役割

　国際開発目標を達成するための取り組みの担い手が、今や国とその

政府のみではないことがしだいに明らかになってきた。とりわけ貧困
や飢餓の撲滅といった目標を達成するうえでは国際社会の連携と連帯
が求められており、そのためには市民社会や企業社会の理解と支援が
欠かせない。こうした認識が SDGs 達成の取り組みにおける民間部門
の役割を前面に押し出すことになった。

　SDGs の目標達成における市民の役割をどこに求めるかについては
考え方に幅があり、これをめぐる意見も大きく分かれる。一方には、
一国民ないし納税者として政府の取り組みにモラル・サポートを行う
存在にとどめてしまう見方がある。他方には、市民が国際的に連帯し
て、国際目標実現のための連携を実現する鍵になるという立場もある。
貧困や飢餓を撲滅するための国際的な取り組みはすでに半世紀以上に
わたって続けられてきており、今後も息の長い取り組みが必要となる。
こうした観点からすれば、中・長期的に、ときには複数の世代にわた
る取り組みを支える市民の役割が大きいことは疑いない。意見や考え
を異にする人々を取り込み、国際社会を方向づけることが市民社会に
は求められているのである。

　今や「ビジネス」とも総称される企業社会は、資金や人材のみなら
ず、知識やノウハウを含めたリソースを有する主体として立ち現れて
いる。また、国境を越える主体としても、グローバル化を促進する役
割を担ってきた。営利活動を優先するあまり経済格差を生み出す一因
を作ってきたとも批判されるが、その反面で企業市民としての社会活
動があることも見のがすことはできない。企業の社会的責任の認識に
基づき、フィランソロフィーとも称される社会貢献活動や、芸術・文
化分野でのメセナ活動といった形態で営業利益を社会に還元する事業
もあったが、近年では持続可能な社会事業として地球規模課題に取り
組む動きも盛んになった。「ビジネス」の強みは、多岐にわたる分野・
領域での活動を展開してきたことであり、チャリティや直接支援とい
う形態以外にも、投資や雇用を通じた目標達成の可能性を追求できる

ことである。市民の役割に比較すれば、より短期的な取り組みにおいて役割を果たす存在といえよう。

5. むすびにかえて
～アフリカにおける取り組みのゆくえ～

　本章では、MDGs の目標 1 を引き継いだ SDGs の目標 1 と目標 2 に焦点をあてて、これらが掲げられるに至った経緯を跡づけてきた。目標 1 の貧困は、いわば MDGs が取り残した課題でもあり、「極度の貧困」を半減させることの難しさはアフリカにおける取り組みの経験がこれを物語っている。広がりつつあった国家間の格差を埋めつつ、経済成長を回復させて人々を豊かにする試みは、多くの困難に直面することになった。

　SDGs の目標 2 に掲げられた飢餓撲滅は、地球規模課題となって久しい。これもまたアフリカでの取り組みを通じて、国際社会に共有される問題となった経緯がある。MDGs の目標 1 における取り組みに比べて、SDGs では飢餓撲滅に至る道筋が示された点において画期的であった。そこに示されたターゲットは、栄養改善、小規模生産者の所得倍増、強靭な農業、生物多様性の保全など、目標を達成するうえでは不可欠なものばかりである。しかしながら、具体的な方策としては、やや農業関連分野への偏りが見られた。

　国際開発目標としての SDGs を評価すべき点は少なくない。MDGs からの継続として見た場合、過度に「貧困層」に焦点をあてるのではなく、広く「脆弱層」を視野に入れている点が高く評価できる。また、政府主体であった MDGs と比べて、他の主体、とりわけ市民や企業（ビジネス）の存在が意識されていることもうかがわれる。とはいえ、取り組みを推進するうえで欠かせない計画や政策を立案・実施する主体については明確さを欠いている。

2023 年 9 月、国連は『グローバル持続可能な開発報告書（Global Sustainable Development Report 2023)』を発表した。事務総長が任命した世界の科学者 15 名からなるグループが取りまとめた報告書には「危機の時代、変化の時代：持続可能な開発への変革を可能にする科学」と題され、変革を促すためのキャパシティ・ビルディングとともに、変革の三段階（創発、加速、安定化）で加盟国政府や国際機関に取り組みを求めている。前回の 2019 年報告書の発表から 4 年、SDGs の達成に向けた状況は、さらに厳しくなったとの認識が示されている。コロナ禍をはじめ、武力紛争、自然災害、これら危機的状況に伴う人々の生活の困窮が、貧困撲滅をはじめとする目標の進捗を台無しにしてしまった。2030 年の SDGs 達成年までの中間点において、世界は大きくトラック（道筋）からはずれている、というのが報告書からの警告である。

　5 段階に分類された進捗状況表において、目標 1 は第 3 段階でいまだ達成途上とされている。とくにターゲット 1.1.1「絶対的貧困の撲滅」は進捗がないか、あっても限定的であり、トレンドとしては後退しているとの見方がなされた。同 1.3.1「社会保護システムの稼動」とともに今後の進捗の見極めが求められている。また目標 2 の進捗はもう一段低い第 4 段階で、達成はまだまだだとされている。ターゲット 2.1.2「食糧安全保障の達成」と同 2.2.1「栄養失調に終止符を打つ」に懸念が表明され、とくに前者については悪化したと断じている。楽観は禁物というよりは、さらなる取り組みを求めるメッセージと受け取らねばなるまい。

　報告書はまた、SDGs の 17 目標が相互に結びついてることも指摘する。トレード・オフ（一方を達成すると、他方が犠牲になる）関係もあるが、シナジー（相乗効果）をもたらす組み合わせもある。前者を抑制しながら、後者を最大化することが求められている。たとえば目標 1 は、他の目標（3、4、5、6、7、17）とのシナジーが期待され

るので、健康と福祉、教育、ジェンダー平等、安全な水、エネルギー、そしてパートナーシップの目標とともに貧困撲滅を追求するシナリオが描かれねばならない。

ディスカッション・ポイント

本章をふまえて考えてみよう。

① ミレニアム開発目標（MDGs）について、その八つの目標は
　　すべて貧困撲滅を志向したものであるとの言説は妥当でしょ
　　うか？

② 持続可能な開発目標（SDGs）の発動時点において、すでに
　　貧困ラインは一日一人あたり 1.90US ドルであったにもかか
　　わらず、SDGs 目標 1 では 1.25US ドルに設定されたのはな
　　ぜでしょうか？

③ 現代社会における「脆弱層」を生み出す原因として、どのよ
　　うなものが考えられると思いますか？

読書案内

著者	大林稔、 石田洋子 編著	出版年	2009	出版社	晃洋書房
タイトル	『アフリカにおける貧困者と援助 ──アフリカ政策市民白書2008』				

▶ 日本の大学と市民組織が連携して、貧困削減をはじめとするアフリカ政策を対象に実施した共同研究の成果。アフリカ開発とその主体性にも注目する。

著者	国連開発計画 編	出版年	2003	出版社	古今書院
タイトル	『人間開発報告書2003 ──ミレニアム開発目標（MDGs）達成に向けて』				

▶ 国連開発計画（UNDP）が年次で発表してきた報告書。MDGs達成のために求められる取り組みについて、特に六つの政策分野を挙げて、具体的行動を論じる。

著者	佐藤寛、 アジア経済研究所 開発スクール 編	出版年	2007	出版社	日本評論社
タイトル	『テキスト社会開発──貧困削減への新たな道筋』				

▶ 貧困、健康をはじめとする社会開発の課題への取り組みを、具体例に即して解説した入門書。現場での取り組みの担い手や、貧困削減の手法についても示唆に富む。

第8章

新しいエネルギーのあり方と国際経済
—— EU がリードする経済政策の可能性

高﨑春華

本章のキーワード

サーキュラー・エコノミー　サプライチェーン
バリュー・チェーン　経済のグローバル化

本章のテーマに関連する主要な SDGs 目標

貧困を なくそう	飢餓を ゼロに	すべての人に 健康と福祉を	質の高い教育を みんなに	ジェンダー平等を 実現しよう	安全な水とトイレ を世界中に
エネルギーを みんなに そしてクリーンに	働きがいも 経済成長も	産業と技術革新の 基盤を作ろう	人や国の不平等 をなくそう	住み続けられる まちづくりを	つくる責任 つかう責任
気候変動に 具体的な対策を	海の豊かさを 守ろう	陸の豊かさも 守ろう	平和と公正さを すべての人に	パートナーシップで 目標を達成しよう	

1．総説

　第 8 章では、経済の視点から環境問題について考えてみたい。私たちの日常には、「モノ（財）を買う」という経済活動が欠かせない。SDGs のゴール 1 と 2 は、貧困や飢餓に焦点をあてているが、こうした社会課題は生産・分配・消費といった一連の経済活動と深くつながっている。本章で取り上げるゴール 12 は、人々の生活に根差す、生産と消費のあり方を問い直すものである。2015 年、COP21（国連気候変動枠組条約第 21 回締約国会議）で採択された「パリ協定」では、地球温暖化に対して産業革命前の条件より気温上昇を 1.5℃ に抑える努力を追求することが盛り込まれた。2020 年 10 月には、日本でも、2050 年までに温室効果ガスの排出を全体としてゼロにする「カーボンニュートラル」を目指すことが宣言された。さらに、2021 年 11 月に開催された COP26 では、国際的な経済活動や国家政策を視野に含めた議論がなされた。

　ここで問題となるのは、経済活動と環境問題の解決の両立である。EU（欧州連合）の経済・産業政策である「欧州グリーン・ディール」は、EU の経済・社会全体を循環型に転換しつつ、新しい産業や技術を生み出し、新たな成長戦略を描くものである。こうした経済成長はどのように実現していけば良いのだろうか？　本章では、経済の基本的な関係である需要・供給のメカニズムの解説から始まり、炭素税やエネルギー転換、バリュー・チェーンの再構築といった、国際社会のホットトピックについて学んでいく。本章を通じて、これからのエネルギーのあり方や国際的な経済活動の課題と可能性について考えてみよう。

2. 経済学の視点から社会課題を考える

(1) 市場の失敗と環境問題

　経済の視点から SDGs の課題を考えるために、まずは経済学の考え方の基礎を確認しておこう。経済活動を大きく分けると、消費活動と生産活動の二つに分けられる。日々、私たちはモノ（財）やサービスを買う（需要）側＝消費者として活動しているし、同時に、企業で労働者として働き、モノやサービスを生産する（供給）側＝生産者にもなる。ここでの「財」とは、形のある生産物（モノ）のことを指し、「サービス」とは、人による無形の生産活動のことを指す経済学の専門用語である。ランチタイムになれば、コンビニでおにぎりとペットボトルのお茶を買う人も多いのではないだろうか。コンビニおにぎりの生産に関わっている経済主体は、いわゆる「企業」だけではない。原料のお米を生産している農家、包装パッケージの素材を提供しているメーカーも生産者である。おにぎりを買う消費者のなかには、実際に労働者としてコンビニやスーパーマーケットで働いている人もいるだろう。

　さらに、私たちは目に見えない無形の財をやりとりすることもある。たとえば、大学の教室で講義を聞いているとき、皆さん自身は教育という「サービス」の消費者となっている。他方で、先生は教育サービスの生産者となり、スキルや知識といった無形の財を学生に与える役目を果たしている。もちろん、美容室で髪を切ることや、保険の契約などもサービスに含まれる。経済学では、こうした消費者や生産者の行動について、「需要」と「供給」という言葉を使って分析していく。モノやサービスの値段が社会のなかでどのように決まるのか、価格形成の過程で企業の生産行動や消費者の消費行動にはどのような影響があるのかなど、需要と供給のメカニズムを多様な社会課題にあてはめながら研究していく。そして、消費者・生産者の活動の舞台となるの

が「市場」である。経済学でいう「市場」は抽象的なものであり、単におにぎりや教育サービスが売買される場として捉えるだけではなく、経済全体の動きを支える金融市場や労働市場なども分析対象としている。

　経済学の父であるアダム・スミスは、市場がもつ強力な調整機能（資源配分機能）に着目し、個々人が自己の利益を最大化する行動をとることによって、分業や資源の最適配分がもたらされ、経済は成長し社会全体が豊かになるという考え方を示した。政府が介入しなくても、市場での自由な活動に委ねれば、最も効率的な生産者に資源が集まり、低コストの生産が行われる。そうして生産された財やサービスは消費者に配分される。いわゆる「神の見えざる手」である。つまり、まるで神様の力が働くかのように、市場では自動的に最適な価格調整や財の配分が行われるとスミスは考えたのだ。

　このように、市場は人々を幸せにすると考えられてきたのだが、市場メカニズムが有効に機能せず、「市場の失敗」と呼ばれる現象が発生することがある。その代表例こそが、現在国際社会の課題となっている、温暖化や大気・海洋汚染などの地球環境問題である。市場機能が社会的に最適な資源配分を実現できるならば、政府による規制や経済活動への介入は必要ないだろう。しかし、現実には、各国の規制があっても、健康被害を伴う公害、温暖化による野生動植物の減少や陸上生態系の破壊は人々の経済活動を通じて次々に起こっている。経済が発展すれば環境問題が悪化し、環境を守ろうとすれば経済が縮小するというジレンマを、私たちは経験するようになってしまったのである。

　ここで、消費者と生産者は、グローバルな環境問題とどのようなつながりがあるか考えてみよう。たとえば、自動車の排気ガスによって大気汚染が深刻化し、道路沿いの住民の健康被害が発生した場合である。自動車の排気ガス自体は目に見えず、環境破壊による被害は

自動車価格のなかに組み込まれていない。供給側である企業（生産者）は、ガソリン車の生産において、土地や原料にかかるコスト（私的費用）を負担しても、その生産活動の結果として、損害が発生した場合の社会的コスト（社会的費用）は負担していない。企業側は社会的コストを考慮せず、私的利益の追求のために社会的に好ましい水準よりも多く生産してしまいがちである。公害は市場取引の外で発生している現象であり、そこでは市場の資源配分メカニズムが正しく働かない。このように、ある経済主体の活動が、市場を経由せずに他の経済主体へ影響を及ぼす現象を「外部性」と呼ぶ。外部性が他者にとってプラスに働く場合は「外部経済」、逆にマイナスに働く場合は「外部不経済」という。国境を越えてもたらされる大気汚染や温室効果ガス（Greenhouse Gas: GHG）の排出による地球温暖化は、「外部不経済」に相当する。

　製品を生産するためには、石炭・天然ガス・石油をはじめとする鉱物資源などの炭素燃料を採掘しなければならないが、資源の利用量が急激に増え、自然に回復できる度合いを超えて使用されてしまえば、希少資源は枯渇してしまう。私たちの生産活動によって排出されるGHGの大部分は二酸化炭素（CO_2）であり、化石燃料を燃やすことや人為的な森林伐採によって発生する。次いで、メタンも地球温暖化に及ぼす影響が大きい。メタンは、湿地・池・水田で枯れた植物が分解する際に発生するが、牛のゲップや家畜の排せつ物、天然ガスを採掘する際にも発生する。肉類の生産・消費が増えれば、GHGは増加する。2020年のアメリカ合衆国環境保護庁（Environmental Protection Agency: EPA）データによると、人為起源のGHG総排出量のうち、全体の76％がCO_2であり（そのうち、65％は化石燃料起源）、16％をメタンが占めている。GHG排出量の増加によってもたらされる気温・海面上昇などの様々な気候変動リスクは社会的コストなのである。

　世界のGHG排出量を経済活動の面から比較すると、とりわけエネ

ルギー部門が重要であることがわかる。世界資源研究所が提供する
データプラットフォーム Climate Watch によれば、2020 年の全 GHG
排出量の約 70％がエネルギー部門における化石燃料の燃焼や廃棄物
が原因となっている。エネルギー部門内の排出量のうち、32％が電
力・熱供給、15％が物資や人の輸送、13％が製造・建設と続く。ま
た、GHG 排出量全体の 13％が農林業部門や森林開発によるものであ
る。国連の気候変動に関する政府間パネル（Intergovernmental Panel
on Climate Change: IPCC）の報告書では、産業革命以降、人間の活動
によって大気・海洋及び陸域を温暖化させてきたことには疑う余地が
ないと明言されている。また、2021 年の IPCC 第 6 次評価報告書によ
れば、人為起源の気候変動は、すでに世界中のすべての地域で、多く
の気象・気候の極端な現象に影響を及ぼしており、地球温暖化を特
定のレベルに制限するためには、CO_2 の累積排出量を制限し、少なく
とも CO_2 正味ゼロ排出を達成し、他の GHG も大幅に削減する必要が
あると指摘されている。各企業から産業全体に及ぶ生産活動を通じ
て GHG が増え続ければ、結果的に 1.5℃及び 2℃を超える気温上昇が
起こることは避けられない。気候変動対策には実体経済のストラク
チャーを変える必要がある。

(2) エネルギー問題の解決に向けた取り組み
　それでは、外部不経済の状況を解決するためには、どうすれば良い
のだろうか。ここでは炭素税とエネルギー転換の二つを紹介したい。
外部不経済がある場合、政府の介入なしには最適な資源配分は実現で
きない。さらに、GHG 排出削減目標といった地球レベルでの課題は、
各国政府による指導や産業・企業の自助努力だけで容易に達成できる
ものではない。こうした問題に対して、経済学では、外部不経済の「内
部化」が必要であると考えられている。つまり、市場の力を借りて削
減を実現していくという考え方である。代表的な方法の一つは、政府

が直接規制によって市場に介入することである。加えて、税金や補助金を導入することによって、外部性を補正していくやり方もある。たとえば、石油や石炭といった炭素燃料の利用分に課税する「炭素税」である。炭素税は、経済活動に関わるすべての企業や消費者に、炭素燃料を使うことに伴う GHG 排出のコストを認識させるものであり、1990 年にフィンランドが世界に先駆けて導入した。環境負荷分に対応した金額を税金という形で上乗せすることによって、企業の汚染物質排出などに関する行動が変化し、資源の消費量を抑制する効果が期待できるとされる。このように、外部性によって生じる市場の失敗を是正するために導入される税金を「ピグー税」と呼ぶ。こうした気候変動対策としての経済政策は、省エネへの貢献に加えて、GHG を排出しない代替エネルギーへの転換も加速させると考えられている。

　「エネルギー転換」とは、炭素燃料に大きく依存した従来のエネルギーの需給構造について、省エネ（省エネルギー）と再エネ（再生可能エネルギー）を中心とした組成に改革することである。人為的な温室効果ガス排出による地球の気温上昇を、産業革命前と比べて 1.5℃に制限するため必要となるエネルギーシステムの移行は、世界の多くの国や地域で進んでいる。再エネとは、水力・風力・太陽光・地熱・バイオマスといった、自然環境により再生産されるエネルギーのことであるが、2000 年代まででは、再エネを活用する発電はコストが高く、代替エネルギーの主力ではなかった。しかし、近年は発電コストの低下により経済効率性が高まり、各国で急速に再エネの導入が進んでいる。国際エネルギー機関（International Energy Agency: IEA）によれば、2020 年には、再エネが電力全体に占める割合は、世界全体で 29％以上となり、とりわけ、風力と太陽光の導入が著しく増加した。IEA のデータによれば、2020 年にデンマークでは電力供給の 62％、アイルランドとドイツでは 30％以上が風力と太陽光になった。

　次ページの【図表 8-1】は、2010 ～ 2022 年において、大型再エネ

【図表 8-1】再生可能エネルギーの発電価格の変化（2010-22 年）

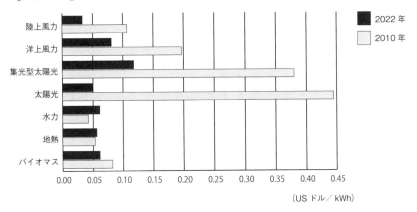

出典：IRENA（2023）, Renewables Power Generation Costs in 2022, p.36 をもとに
筆者改定。価格は、LCOE（均等化発電原価）を表す。

技術の発電コスト（均等化発電原価）を比較したものである。最近
12 年間で太陽光は 89％、集光型太陽熱は 69％、洋上風力は 59％、陸
上風力は 69％減少し、全体として発電コストが劇的に低下している。
蓮見（2021）によれば、再エネが「最も安価な新規の化石燃料火力発
電所よりも低コストであった割合は、2019 年に新規発注された発電
所規模の大型再生可能エネルギー技術の 56％、うち水力で 9 割、陸
上風力で 4 分の 3、発電所規模が大型の太陽光で 5 分の 2」となって
いるという。とりわけ、「2010 年時点で、太陽光発電のコストは、最
も安価な化石燃料火力発電の 7.6 倍であったことを考えれば、驚くべ
き変化」を遂げたと指摘されている。2010 年代に入ると、再エネは
先進国のみならず、中国・インド・ブラジルといった新興諸国でも
積極的に導入されている。2022 年の IRENA（国際再生エネルギー機
関）の報告書（Renewable capacity highlights）によれば、世界の再エ
ネ発電容量をエリア別に比較してみると、再エネ全体の 48％はアジ
ア、次いで 21％はヨーロッパ、15％は北米が占めている。アジアで

は、中国における風力発電プロジェクトの増加が著しいことが特徴である。電力需要が高まりつつある新興国では、再エネ発電プロジェクトによって、運用期間中の電力システムのコストが大幅に削減されるという。2021年のIRENAの報告書（Renewable Power Generation Costs in 2020）によれば、非OECD諸国では、こうした発電プロジェクトにより、従来の化石燃料火力発電に比べて、電力セクターのコストが少なくとも60億USドル削減されると指摘されている。そのうち、最もコスト削減が見込めるのは陸上風力発電であり、39億USドル削減できる。また、2020年のIEAの推計によれば、太陽光発電用のパネルの価格は、生産技術の向上に伴い、1975年〜2000年の間に約20分の1の価格になり、さらに、2010年〜2020年の間に約5分の1以下の価格になった。最近10年の傾向をみれば、再エネの発電設備・設置に関するコストの低下も顕著なのである。

　皆さんのなかには、再エネは石炭や原子力などの既存のエネルギーに比べてコストが高いというイメージをもっている人もいるかもしれない。しかし、すでに時代は劇的に変化し、今や世界では再エネは最もコストが低い、ビジネスとして成り立ちうるエネルギーになりつつあるのだ。こうして、充分な価格競争力を備えた再エネ事業は、世界各国で収益性の高いビジネスとして成立し、省エネ・再エネによるエネルギー転換が温暖化対策としても経済政策としても合理的であることが認識されるようになった。

3. 線形経済から循環経済への転換

　エネルギーのあり方が変わってくると、経済のあり方自体が変化してくる（次ページ【図表8-2】）。現代社会は、資源を投入し、モノを大量に生産し、消費・廃棄する大量消費社会である。経済のグローバル化に伴い、様々な財のサプライチェーンが世界全体に広がっている。

【図表 8-2】 線形経済と循環経済

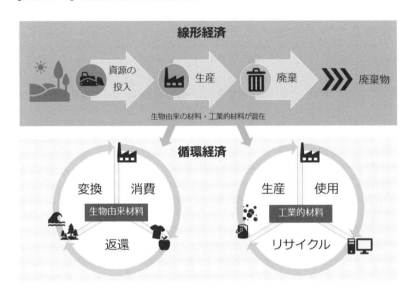

出典：European Commission（2017）, LIFE and the Circular Economy, p3 をもとに筆者作成。

競争力のある企業が国境を越えて安価で質のいい製品を大量に供給することができるようになり、消費者はバラエティに富んだ商品を求め、使用するようになった。大量に使用すれば、最終的には大量のごみが発生する。こうした一方通行型の経済は線形経済（リニア・エコノミー）と呼ばれるが、当然ながら、企業は消費者が買わないモノやサービスは作らない。内閣府によれば、家計が支出する消費が経済全体に占める割合は、約53％を占めている（2022年度の実質国内総生産額・約552兆円のうち、家計の最終消費支出額は約290兆円である）。消費者である私たちの経済活動は、一国の経済活動のなかで非常に大きなウェイトを占めており、日常生活のなかでどのようなモノやサービスを選ぶかが生産側（企業）を動かしていくことにつながるのである。

一般的に資源依存度が高いのは石油化学・石炭産業であることはよく知られているが、繊維・アパレル産業も同様に資源を多く消費する産業である。繊維産業においては、石油化学工業の発展に伴い、1930年代以降ナイロン・ポリエステル・アクリルといった、石油由来の合成繊維の生産が急速に高まった。大量生産が可能で安価な合成繊維は、従来の綿やウールなどの天然素材の欠点を補う形で、衣服やカーペット、カーテンなど様々な製品に加工されてきた。2016年の世界経済フォーラム（ダボス会議）の報告書によると、世界のプラスチック生産量が1964年から2014年の50年間で20倍以上に急増し、今後20年間でさらに倍増する見込みであることが報告された。毎年少なくとも800万トンのプラスチックが海洋に流出し、2050年までに海洋中のプラスチック量が重量ベースで魚の量を上回ると予想されたことは、世界に衝撃を与えた。国際的な社会課題となっている海洋汚染問題の一因は、マイクロファイバーと呼ばれる、主として合成繊維由来のマイクロプラスチックの流出である。実際に、洗濯機で合成繊維製のフリース1枚を洗濯すると、1,900個のマイクロファイバーが発生するといった研究がある（中尾他（2019））。こうしたマイクロファイバーは、下水処理場や浄化槽に流入し、基本的には高い除去率で処理されると考える人もいるかもしれない。しかし、中尾他（2019）によれば、「下水処理場でのマイクロファイバーの除去率が99%であったとしても、残り1%は公共用水域に排出されている。つまり、たとえば、10億個のマイクロファイバーが流入したとすると1,000万個のマイクロファイバーが除去されずに排出されることになる」という。たった1枚のフリースを生産し、購入することが地球環境に負荷をかけているのである。

　消費者・生産者双方への指針として、国際的に循環経済（サーキュラー・エコノミー）への移行に関する政策が展開されている。日本では、2000年に「循環型社会形成推進基本法」が制定された。環境

省によれば、循環型社会とは、①廃棄物等の発生を抑制すること、②循環資源の循環的な利用、③適正な処分が確保されることによって、天然資源の消費を抑制し、環境への負荷ができる限り低減される社会のことを指す。2015年、EUの行政機関である欧州委員会は、「サーキュラー・エコノミー行動計画」を示している。EUのいうサーキュラー・エコノミーの目指すところは、資源を循環利用することで天然資源を節約するとともに、廃棄処分量を可能な限り少なく抑え、持続可能な低炭素社会へと移行することである。したがって、バリュー・チェーン全体に対し、ビジネスモデルの改革を求めるものであり、循環型のサプライチェーンの構築、製品寿命の延長や回収・再利用に加えて、廃棄物や中古製品の二次利用も促している。

　特に、繊維・アパレル産業の新たな取り組みとして注目されているのが、生産工程における水やエネルギーの使用量削減に加えて、原料にオーガニックコットンや再生ポリエステル、再生セルロース繊維の一つであるテンセル、リヨセルなどのサステイナブルな素材を積極的に活用した製品の開発である。サーキュラー・エコノミー実現のためには、産業全体で3R（リデュース・リユース・リサイクル）をはじめとする、包括的な製品ライフサイクルへの対応（原材料の選択、生産から流通、廃棄処理、そして再生資源の利用推進までの各段階における対策）が不可欠なのである。

　企業は自ら望まなくてもサプライチェーンを通じて社会環境にダメージを与えているという現実がある。一方、消費者の安価な衣服を購入する、頻繁に買い替えるという消費パターンが、間接的に環境破壊につながっている。私たちはサステイナブルなプロセスに基づいて生産されたファッションを取り入れ、人や社会・環境に配慮し、自ら社会的課題を考える賢い消費行動、いわゆる「エシカル消費」にシフトする必要に迫られているのである。こうしたミクロレベルでの行動変容こそが、SDGsゴール12「つくる責任・つかう責任」に求められ

ることでもある。

4. EUの経済成長戦略としての「欧州グリーン・ディール」

　ここでは、EUの包括的な経済政策を通じて、脱炭素社会の実現を目指す、国際社会の具体的な動きを見ていこう。アメリカから始まった、いわゆる「グリーン・ニューディール」という政策概念は、環境保全と経済成長の両立を試みるものであり、政策の基本的な柱は、再エネと省エネの導入拡大による景気回復及び雇用拡大と温暖化防止である。

　2019年12月、EUは、2030年・2050年のGHG排出削減目標の引き上げとともに、世界初の気候中立的な大陸になるという目標を掲げ、それに向けた変革の指針となる「欧州グリーン・ディール」を発表した。欧州グリーン・ディールは、①クリーンエネルギー、②循環型の経済への転換を目指す産業政策、③エネルギー効率改善のための建設・リノベーション、④汚染ゼロ、⑤生物多様性、⑥農業（農場から食卓まで）、⑦輸送（持続可能なスマートモビリティ）の七つの分野において持続可能なEU経済への構造転換を図ることを目指している。すべての政策分野において必要な法制、対象とする産業、移行のための資金調達や投資手段をはじめ、具体的な行動が明示されていることが特徴である。さらに、構造転換実現のためには、国際協力と同時にEU市民の参加・協力が必要である点を強調している。

　この欧州グリーン・ディールの実施時期を早めたきっかけとなったのが、2020年はじめから世界的に拡大した新型コロナウイルス（COVID-19）感染症である。コロナ禍の経済低迷に対し、EU加盟国は巨額の財政出動が必要であるという認識で一致した。2020年7月、EU首脳会議は総額7,500億ユーロからなる欧州復興基金「次世代EU」の創設で合意した。このなかには、「Invest EU」と呼ばれる投資

促進策や「公正な移行メカニズム」と呼ばれる基金が含まれている。公正な移行メカニズムとは、EU のなかでも、化石燃料部門の産業に依存する地域に対し、エネルギーシステムの移行過程において、失業などの社会・経済的な影響を緩和するための雇用支援策である。実際に、発電の多くを化石燃料に依存しているポーランド、ルーマニア、ブルガリアなどは、同部門に対する政府の補助金の額も多く、移行支援体制の確立は急務となっている。循環経済を目指したエネルギーシステムの転換が進み、グリーン・ジョブが増えれば、EU 全体でさらなる雇用創出が見込めるという。気候中立的な経済への移行には、EU 加盟国政府だけではなく民間部門からの大規模な投資を必要とする。EU は、環境を重視した投資によって、経済低迷からの回復を目指す、グリーン・リカバリー（緑の回復）を打ち出している。

　加えて、あらゆる産業のバリュー・チェーンを循環型に転換していくためには、環境分野への企業の投資が必要である。EU は、グリーンな経済活動と投資を分類するための独自の基準「EU タクソノミー」を策定している。サステイナブルな経済活動による環境事業はどのようなものなのかを明確に示し、投資家がグリーンな事業へ投資をしやすくすることが目的の一つである。環境への負荷を軽減し、持続可能な社会構築と経済成長のための資金を融通する仕組みはサステイナブル・ファイナンスと呼ばれ、金融面でグリーン・ディールを支える重要なスキームとなっている。

　2019 年 5 月には、サーキュラー・エコノミー行動計画の一環として、新たに「特定プラスチック製品の環境負荷削減指令」が採択された。同指令では、海洋ゴミの 70％を占める使い捨てプラスチック製品の主たるものを 9 種類挙げ、加えて、紛失・投棄された漁具を対象とし、使い捨てプラスチック製品の販売の禁止や代替品の開発を奨励している。EU 域内の生産者・消費者双方に対し、法的措置を通じて直接対応を求めているのである。

このように、EU は、まさに、社会のあり方を根本から変革するための包括的な環境・社会・経済・産業政策として、グリーン・ディールを発表したのである。EU は地球環境問題に対する高い目標や基準を示し、推進していく点において、世界のフロントランナーとしての役割を果たしている。環境問題について考えるとき、私たちが汚染する側になるのか、汚染の被害を受ける側になるのか、社会的な立場を二分するわけにはいかない。私たちが目指す新たな脱炭素経済は、無くてはならないグローバルな社会システムである。誰一人取り残さない、インクルーシブな社会を目指すうえで、社会政策として各国が考えていかなければならない。経済成長を目指す国や地域は、環境・社会・経済的な価値を共有し、統合的に取り組むことで社会課題の解決に貢献しなければならないのである。EU のなかでは、環境問題の解決に率先して取り組んできた国がその他の国をリードしてきた。こうした国際協調のプロセスにおいて、EU に各国のグリーンに対する考え方がどのような影響を及ぼしているのか、逆に各国の対応が EU 全体の政策へどのように反映されていくのかが重要である。エネルギーや経済の問題は、一つの国だけでは解決できないという点をふまえて、私たちは EU から世界的規模の環境問題解決の糸口を学ぶことができるのではないだろうか。

引用・参考文献

蓮見雄（2021）「欧州のエネルギー・環境政策の俯瞰――欧州グリーン・ディールの射程（前編）」、独立行政法人石油天然ガス・金属鉱物資源機構調査部『石油天然ガスレビュー』Vol.55 No.2、3 月、1-24 頁。

中尾賢志・尾﨑麻子・桝元慶子（2019）「環境プラスチック問題の全容と課題および大阪市立環境科学研究センターの啓発・研究活動」、全国環境研協議会『全国環境研会誌』第 44 巻第 4 号（通巻第 153 号）、16-26 頁。

ディスカッション・ポイント

本章をふまえて考えてみましょう。

① 外部不経済の内部化について、具体例を挙げて説明してみましょう。

② 企業は公害の責任をどれくらい負うべきでしょうか。

③ 国際的なエネルギー問題に対して、日本ができることを三つ以上挙げてみましょう。

読書案内

著者	栗山浩一、馬奈木俊介 著	出版年	2020	出版社	有斐閣
タイトル	『環境経済学をつかむ』（第 4 版）				

▸ 環境経済学の入門書。経済の視点から環境問題について学ぶときの最初の一冊としておすすめ。

著者	高橋洋 著	出版年	2021	出版社	日本評論社
タイトル	『エネルギー転換の国際政治経済学』				

▸ エネルギーをめぐる国際政治経済関係について、最新のデータが数多く掲載されている。

著者	田中素香、長部重康、久保広正、岩田健治 著	出版年	2022	出版社	有斐閣アルマ
タイトル	『現代ヨーロッパ経済』（第 6 版）				

▸ グリーンをリードする EU の視点から現代世界経済について包括的にまとめられている一冊。EU 経済を学びたい学生は必読の本。

第9章

コーヒーから考えるサステイナビリティ

高﨑春華・桜井愛子・尾崎博美

本章のキーワード

サステイナブルコーヒー　サプライチェーン
プロジェクト型学習

本章のテーマに関連する主要な SDGs 目標

貧困を なくそう	飢餓を ゼロに	すべての人に 健康と福祉を	質の高い教育を みんなに	ジェンダー平等を 実現しよう	安全な水とトイレ を世界中に
エネルギーを みんなに そしてクリーンに	働きがいも 経済成長も	産業と技術革新の 基盤を作ろう	人や国の不平等 をなくそう	住み続けられる まちづくりを	つくる責任 つかう責任
気候変動に 具体的な対策を	海の豊かさを 守ろう	陸の豊かさも 守ろう	平和と公正さを すべての人に	パートナーシップで 目標を達成しよう	

1. 総説

　本章では、私たちが普段何気なく飲んでいる「一杯のコーヒー」を通して、国際社会の課題にどのように取り組めば良いのか、経済・社会・地球環境保護の観点から具体的に考えてみたい。社会学者のアンソニー・ギデンズは、一杯のコーヒーを飲むという行為を社会学の視点から捉え直すと、一個人による単純な行為が実際には様々な問題の反映であることを理解できるようになると述べている。たとえば、多くの人にとって、朝の一杯のコーヒーは単なる消費行動以上に、その人にとって最も重要な日課であり、一日を始めるために欠かせない第一歩としての「儀礼」である。また、私たち自身がコーヒーを飲むという消費行為をきっかけとして、コーヒーをめぐる世界の歴史、社会、経済構造がどのように発展してきたのか、そのプロセスを知ることができる。さらに、コーヒーは現代社会における人権や地球環境問題などのグローバルな課題に深く関わる農産物である。それゆえに、私たちの生活のなかで、どの種類のコーヒーを買い、どこでコーヒーを飲むのかという選択が、実際にはグローバルな社会課題に影響を与える「ライフスタイルの選択」なのである。私たち消費者にとって、サステイナブルコーヒー（持続可能なコーヒー）の普及がなぜ重要なのか、そして、その実現のために私たちに何ができるのか、検討していこう。さらに、実現に向けた事例の一つとして、大学におけるプロジェクト学習を取り上げる。

2.　コーヒーの産地を知る

　コーヒーの樹（正式にはコーヒーノキ）は、もともとアフリカ大陸原産の常緑樹である。コーヒーノキの仲間には、多くの植物種がある

【図表9-1】 世界のコーヒー主要生産国 （2020年度）

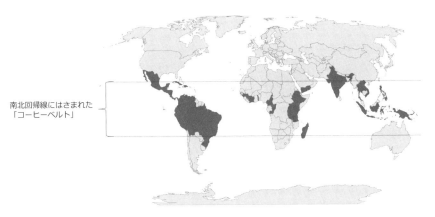

南北回帰線にはさまれた
「コーヒーベルト」

出典：ICO ホームページをもとに筆者作成

が、主に商業用のコーヒーとして栽培されているのが「アラビカ種」
と「ロブスタ種」である。コーヒーノキは熱帯原産で寒さに弱く、南
北回帰線の間の熱帯から亜熱帯にかけての国々で栽培されている。こ
うした、コーヒー豆が生産可能なエリアは通称「コーヒーベルト」と
呼ばれ、これら地域の産地の大多数はいわゆる開発途上国である（【図
表9-1】）。

　国際コーヒー機関（International Coffee Organization: ICO）のデー
タでは、2020年の世界のコーヒー生産量は約1,000万トンで、合計
36ヵ国が主要生産国としてリストされており、様々な地域・国で生
産されていることがわかる。地域別では中南米地域全体で世界のコー
ヒー生産量の約6割を占め、アジア・太平洋地域で3割弱、アフリカ
地域で1割強となっている。国別では最大のコーヒー生産国がブラジ
ルで全体の37％を占め、次いでベトナムの17％、コロンビア、イン
ドネシア、エチオピアと続く。上位5ヵ国が全体の産出量の75％近
くを占めている。

それでは何故コーヒーベルトに生産国が集中しているのだろうか。実は、栽培に適している気候や風土というだけで、コーヒーベルトで生産されているわけではない。コーヒーノキの原産地はアフリカ大陸のエチオピアにあるとされる。紅海をはさんだアラビア半島南部のイエメンにコーヒーが伝わり、コーヒーの飲用は16世紀初頭までにイスラム世界全体に、17世紀にはヨーロッパにまで広まった。イエメンのモカ港はコーヒーの積出港として栄えたが、その後凋落する。18世紀になると、ヨーロッパ列強は貿易と植民地を世界規模で拡大し、自国の植民地のコーヒー・プランテーションで奴隷によるコーヒーの大量栽培を行うようになった。現在のコーヒー生産国のうち、ブラジルにはポルトガルが、インドネシアにはオランダがそれぞれコーヒーをもたらした。このようにコーヒーの主要生産地になった理由には、それぞれの歴史的背景がある。

3. 国際経済から考える一杯のコーヒー

(1) コーヒーのサプライチェーン

　ICO の 2020 年のデータによれば、コーヒーの生産地が発展途上国である一方、世界のコーヒー消費の7割がコーヒーを生産しない国で消費されている。最大の消費地は、EU 27 ヵ国、次にアメリカ、ブラジル、日本である。輸出国での消費は全体の3割程度となっている一方で、唯一、ブラジルだけは産地でありながらコーヒー消費大国である。最大生産国のブラジルは、近年、国内のコーヒー消費量が急伸している。世界銀行によれば、ブラジルでの 2020 年から 2021 年の生産量は 6,790 万袋（1 袋 60kg）となる一方で、自国内の消費量も 2,353 万袋であり、コーヒー大国となっていることがわかる。

　コーヒー豆の生産国(供給側)から消費者(需要側)の手元にコーヒーが届くまでには、どのような取引が行われ価格が決定されているのだ

【図表 9-2】 コーヒーのグローバル・サプライチェーン

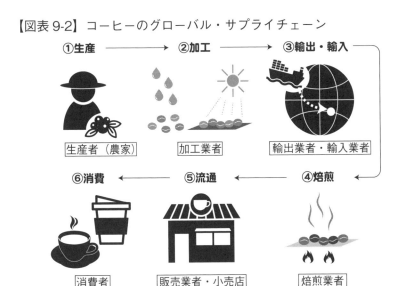

出典：International Trade Centre（2021）, The Coffee Guide Fourth Edition, p9 をもと
に筆者作成

ろうか。近年、ブラジルのようにコーヒー産地での消費が増加してい
るとはいえ、コーヒーはかつて植民地であった開発途上諸国で生産さ
れ、旧宗主国を中心とする先進諸国で消費されるという構造になって
いる。さらに、コーヒーは、生産地と消費地が地理的に大きく離れて
おり、需給関係や価格形成が生産者にとって不公正なものになりがち
である。したがって、コーヒーの生産から消費までの様々な取引や価
格形成、すなわちグローバル・サプライチェーンの過程は複雑である。
　コーヒーのサプライチェーンには、大きく分けると①生産者から生
産国の加工・流通業者へ、②流通業者から生産国の輸出業者、そして
消費国の輸入業者へ、③輸入業者から消費国の焙煎業者へ、④焙煎業
者から国内の小売店・喫茶店へ、⑤小売店・喫茶店から、⑥消費者へ、
という六つのステップがあり、各段階で価格が決められ取引される。

このようにコーヒーのサプライチェーンには様々なステップがあり、さらに、取引主体も多様であるため、価格形成のプロセスが複雑かつ不安定になるのである。

(2) コーヒー市場と価格変動が生産者にあたえる影響

　次に、生産者の視点にたってコーヒー市場について考えてみよう。コーヒー生産の従事者の多くが小規模家族経営の農家といわれている。商業用のコーヒー豆であるアラビカ種は、優れた香りと酸味が特徴で高品質な豆として知られている。アラビカ種は世界のコーヒー産出量の約7割を占めており、各地で広範囲に栽培されているものの、生育に手間がかかり、病虫害に弱い点がデメリットである。他方で、ロブスタ種は病気に強く、収穫量も多く、栽培に手間がかからないために、生産コストを安価に抑えることができるというメリットがある。アラビカ種に比べると風味が劣るため、主にインスタントコーヒーなどの加工原料や、他の豆とのブレンドの材料に利用される。

　世界のコーヒー豆の取引量について見てみよう。国連食糧農業機関（The Food and Agriculture Organization of the United Nations: FAO）によれば、2018年時点の世界農産物貿易の規模は1.5兆USドルである。世界で取引される一次産品のうち、大規模取引の対象となる原油や金属などの鉱物資源、大豆・小麦・コーヒーなどの農産物はコモディティ商品と呼ばれ、ロンドンやニューヨークの先物市場で取引されている。

　コーヒーのような一次産品は、工業製品に比べて天候や地政学的要因の影響を受けやすく、また生産調整が行われにくい。とりわけコーヒーノキは、他の農産物に比べて干ばつや霜害に弱いという特徴があり、安定した収穫量の維持が難しい。そのため、市場において、生産予測をもとにした投機的取引が行われやすく、価格変動の大きな一因となっている。次ページの【図表9-3】は、1kgあたりのコーヒー価格の変遷を示したグラフである。

【図表 9-3】1970-2020 年のコーヒーの価格推移
　　　　　（実質値・2010 年基準）

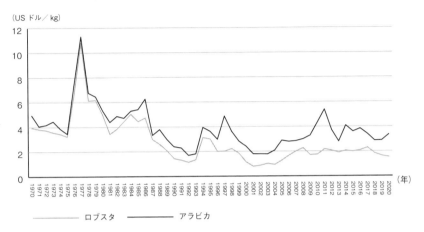

（US ドル／ kg）

出典：World Bank（2021）, Commodity Markets Outlook より筆者作成。

　2000 年代には、コーヒー市場で大きな危機が 2 度起こった。2001年から 2002 年のコーヒー危機では、過去 100 年で最も低い水準にまで価格が急落した結果、世界各国のコーヒー生産農家がきわめて厳しい経済状況に陥った。さらに、2011 年には 34 年ぶりの高値をつけたものの 2013 年にはその価格は 2 分の 1 にまで下落し、その後も乱高下を繰り返し、2019 年にはアラビカ種の世界市場価格は 1kg あたり2US ドル台まで落ち込むこととなった。こうしたコーヒーの国際価格の乱高下は繰り返し起こってきた。
　このように価格形成の過程が複雑で不安定な市場構造のなかでは、農家が計画的に生計を立てることは非常に難しい。中南米やアフリカ地域では、コーヒー価格の暴落によって農家の親の収入が減少した結果、学校に行けなくなる子どもが多く見られたという。コーヒーの取引価格が低迷すると、多くの農家がコーヒーの生産に必要なコスト

をはるかに下回った価格でしか売れず、生活が脅かされる。また、質の高いコーヒーを生産するための技術を高めるための投資ができないため、無理な方法で生産量を増やそうとした結果、コーヒーの生育環境が悪化し、豆の質が悪くなるという悪循環が生じる。最悪の状況では、多くの農家が危機のたびに経営破綻まで追い込まれてしまう。

(3) 一杯のコーヒー価格と生産者

　ここで、一杯のコーヒー価格に対する生産者の利益について考えてみよう。前述のコーヒーのサプライチェーンにおいて、①の生産者から⑥の消費者である私たちが 1 杯 330 円のコーヒーを飲むまでの間でコーヒーの価格はどのように決定されているのだろうか。1 杯のコーヒーを淹れるには、12.5 グラム＝約 3.25 円（2020 年 5 月の国際価格）の生豆を使うとしよう。これは、1 杯 330 円のコーヒーの約 1％にあたる。つまり、私たちが飲む一杯のコーヒーから計算すると、コーヒー豆の生産者が得られる利益は 1％未満なのである（川島他（2021））。

　価格変動のリスクや利益が得られにくい市場構造のなかで、コーヒー豆の生産者を守るために、どのような国際的取り組みがあるだろうか。1962 年、国際コーヒー協定（International Coffee Agreement: ICA）が締結され、価格が一定の水準を下回らないように、生産国に対して輸出量の制限を課す「輸出割当制度」が制定されていた。さらに、2007 年、生産者の所得を下支えし、安定的な供給を維持するための新たな国際コーヒー協定が締結された。今日では、価格を維持し、生産者の所得を安定化するために、フェアトレードも活用されるようになった。フェアトレードとは、直訳すると「公平・公正な貿易」である。国際社会において、生産者が貧困から抜け出し、自らの力で生活を改善するためのより公正な貿易構造を根づかせようとするシステムである。フェアトレードでは、品目ごとに最低価格が保障され、最低価格は生産者にとってのセーフティネットとしての役割を果たして

いる。国際市場価格が低くなりすぎたときには最低価格で農家を保護
し、価格が高くなったときには、価格上昇に連動して、農家が得る収
入も増加する。コーヒー生産者にとって、フェアトレードのシステム
は所得維持のために不可欠であり、農業コストの上昇やその他の経済
的、社会的、環境的課題が深刻化するにつれその重要性が高まってい
る。

4. サステイナブルコーヒー
（持続可能なコーヒー）の普及に向けて

　ここまで、コーヒーをめぐる歴史、市場や価格構造について知るこ
とで、コーヒーを飲むという行為が国際社会の歴史や経済構造の変化
と深く結びついていることが実感できたのではないだろうか。本節で
は、サプライチェーンの一翼を担うコーヒー生産地についてより深く
理解するために、コーヒー産業の将来について考えてみよう。

　現在、コーヒー生産は二つのグローバルな課題を抱えている。一つ
目は気候変動の問題である。国際環境 NGO コンサベーション・イン
ターナショナルによると、近年の気候危機により地表の平均気温が上
昇することに伴い、現在のコーヒー生産地は徐々に栽培に適さなくな
り、気温上昇に合わせてコーヒーの栽培適地が高地に移動されること
で適地面積が減少していくことが予想されている。さらに、あらたな
高地の栽培適地の 6 割は現状では熱帯林であり、コーヒー生産地を維
持するためには、熱帯林を伐採しなければならない。特に熱帯林破壊
のリスクが高いと懸念されている地域が中南米、東南アジアである。

　そこで、コーヒー生産地では、気候変動の影響に適応しながら熱帯
林を破壊せず、地球環境への負荷を減らすことができるシェードグロ
ウン（日陰栽培）が見直されてきている。伝統的にコーヒーの栽培
には、熱帯地域の多様な樹木を日陰樹として利用しながら栽培する

シェードグロウンが適しているとされたが、1970年代以降、日陰を必要とせず、かつコーヒーの病気であるサビ病に耐性のある品種が誕生したことによりサングロウン（日向栽培）へと転換されるようになった。これにより、生産地では森林伐採が進行し生物多様性が失われ、森林による二酸化炭素吸収機能の低下や土壌悪化が進むこととなった。

　もう一つの危機は、世界のコーヒー消費量の急激な増加である。世界第4位のコーヒー消費国日本では、コーヒーチェーン店やカフェで、コーヒーを片手に読書をしたり、友人とお喋りしている人を多く見かける。大学生へのアンケートでは、「ブラックのコーヒーはほとんど飲まない、紅茶派」、「ミルク入りのコーヒーやフラペチーノ®が好き」という声が圧倒的に多く、ブラックコーヒーを好む学生は少数派のようである。しかし、2020年の全日本コーヒー協会の調査によると、日本の中高生以上の消費者による1週間あたりのコーヒー消費量は、男女平均で11.53杯となり、2002年の10.03杯に比べて増加傾向にある。そのうち18歳から24歳までの若者の消費量は、男性で6.46杯、女性で3.29杯となっている。日本では緑茶、紅茶、炭酸飲料、果実飲料とともにコーヒーは嗜好飲料とされる。レギュラーコーヒーとインスタントコーヒーを合わせたコーヒーの年間総消費量は約43万トンで、第2位の緑茶の約6.8万トンに比べても圧倒的な消費量となっている。世界的に見ても、コーヒー消費量の急増は顕著である。たとえば、2050年までにコーヒーの世界的需要は現在に比べて最大3倍になるという推計もある（Killeen and Harper, 2016）。今後はこれまでの消費地域に加えて、伝統的に紅茶や緑茶を好んできた国や地域であるインドや中国、さらには急速な人口増加が続くサブサハラ・アフリカ地域、新興諸国などでの消費量の増加が世界全体の消費量を押し上げていくと予想される。

　この二つの危機に対して、私たちは具体的に何ができるだろうか。

2節において、コーヒーを飲むという行為自体が「ライフスタイルの選択」であると述べた。つまり、生産者の質の高い生活を実現しながら、将来にわたって美味しいコーヒーを飲めるようにしていくためには、私たち自身が適切な選択をしていかなければならない。

　私たちの選択の一助となるのが、「認証コーヒー」である。SDGsの環境、社会、経済の3分野を重視してコーヒーが生産されているかどうかを、第三者機関の審査員が評価し認証した製品が認証コーヒーである。最近では、店頭でフェアトレード・ラベル・ジャパン、レインフォレスト・アライアンス、バードフレンドリー® プログラムなどの製品をよく見かける。レインフォレスト・アライアンスは森林、気候、労働者の人権、農村コミュニティの生活水準を守っていくこと、バードフレンドリー® は森林破壊の脅威から渡り鳥の生息地保護の推進などを掲げている。認証コーヒー以外にも、サステイナビリティに関わる独自の基準を掲げてコーヒー豆の調達・販売に取り組んでいる企業もある。

　適切な選択のためには、味や価格だけでコーヒーを選ぶのではなく、認証制度やサステイナビリティに配慮された製品であるかどうか、という視点も重要である。すなわち、どのように生産されたコーヒーなのかを理解し、生産地の取り組みに対する価値を共有し、その価値に見合う適正な価格を消費者として支払うということ。こうした一連のプロセスこそが、より良い「未来への選択」をすることに他ならない。私たち自身がコーヒー生産地に負担をかける「消費者」から、コーヒー産地とともにあろうとする「共同生産者」へと転換し、サステイナブルコーヒーの価値や認知度を高めていくことが、持続可能な社会の実現に向けた第一歩となる。

5. パートナーシップを通じた大学における実践例紹介
──プロジェクト活動を通じて得る・学ぶ「共同生産者」の視点

　前節まで、コーヒーを視点として、生産者と消費者をつなぐサプライチェーン、フェアトレードや認証制度、及び「共同生産者」の関係について学んできた。本節では、改めてコーヒーを通したサステイナビリティについて、あるいは SDGs そのものについて大学で学ぶことの意義を考えていきたい。

(1) SDGs を大学で学ぶ意義──「プロジェクト」と協働
　なぜ大学生は SDGs について学ぶ必要があるのだろうか。現代の国際社会における SDGs の重要性は、本書の全体を通して説明しているところである。ここで一歩踏み込んで、「SDGs について学ぶ」とは何を指すのかを考えてみよう。たとえば、17 の目標をすべて暗記すれば SDGs について学んだことになるだろうか。あるいは、SDGs を行う国家、企業、NPO 団体、個人といった様々な活動をレビューすれば SDGs の学びになるのだろうか。もちろん、それらは学びの一部にはなるだろう。しかしながら、より本質的なことは、SDGs について得た情報や知識が、皆さん一人ひとりの見解や視点となり、思考や感覚となり、行動や生き方につながっていくことである。
　日本の教育を管轄する文部科学省は、2018 年の学習指導要領改訂にあたって、「主体的・対話的で深い学び」を主軸の一つとした。学習指導要領とは、幼稚園・小学校・中学校・高等学校に至るまで、日本の学校で教えられる教育内容や目的などの基本を定めたものである。つまり、現在の日本の学校教育における「学び」は学習者が主体

的かつ対話的になることを求めており、近年よく聞かれるようになった「アクティブ・ラーニング」という教育方法もまたこの考えに基づいている。「アクティブ・ラーニング」には、問題解決型授業・反転学習・チーム基盤型学習法・話しあい学習法・ジグソー学習法などがあるが、SDGs の学びとしてここでは「プロジェクト型学習法」に注目してみよう。

　学びとしての「プロジェクト」は、アメリカの教育哲学者ジョン・デューイの教育思想にそのルーツを見ることができる。教育学者の田中智志は、「プロジェクト活動」と呼ばれる教育的な営みについて、「問題解決（課題達成）を中心にすえた、おもに子どもたち自身が行う専心的かつ反省的な活動」と説明している（田中・橋本 (2012)）。つまり、「学び」としての「プロジェクト」とは、活動・学習のベースに実際の問題を解決することを目的に据え、試行錯誤しながら現実のなかで行動を起こし、思考・感覚・スキルを向上させていくプロセスを示している。ここで重視される「反省的思考」には、①問題（課題）の把握、②事実の観察、問題構造の整理、③予想や仮説による問題解決（課題達成）、④仮説を緻密なものへ練りあげる推論、⑤証拠による検証が含まれており、単に与えられた情報を暗記したり決められた公式にあてはめて解を導いたりする行為とは大きく異なっている。

　さらに重要なのは、「プロジェクト（学習・活動）」は一人で行うことはできず、他者との協働を前提にしている点である。「プロジェクト」を通して学習・活動に参加する者は、共通の目的を目指す作業をともに行うことを通して、お互いが助けあってともに生きていく存在であるという感覚そのものを身につけていく。その結果として、人間は一人で生きているのではなく他者とのつながりを通して生きていることを知り、それは国家間や企業間、あるいは領域同士の間でも同じであることを学んでいく。ここに、デモクラシーを基盤とするサステイナブルな社会の形成者にとって不可欠な資質であるシティズンシップと

しての協働性が養われていく。SDGs を大学で学ぶことは次世代の社会の担い手としての資質を獲得することなのである。

(2) 東洋英和女学院大学コーヒープロジェクト

　大学における SDGs の学びがシティズンシップとしての協働性を養うというと、なんだかとても壮大で遠い話のように思えるかもしれない。しかし、学びとしての「プロジェクト」は実はごく身近なところから始めることができるし、むしろ身近で簡単なことという日常そのものに広がっていくことにこそ意味をもっている。ここで、東洋英和女学院大学で 2019 年度から実施されているコーヒープロジェクトを事例に挙げ、身近なことから始める学びとしての SDGs プロジェクトを見ていこう。

　東洋英和女学院大学コーヒープロジェクトのはじまりは、2018 年度に国際社会学部の合同ゼミナールで実施された講演会「コーヒーのサステナビリティ 〜コーヒーで世界を変える〜」である。このコーヒープロジェクトは「一杯のコーヒーから始める SDGs」をスローガンに据え、プロジェクトメンバーの学生が主体となって東洋英和のオリジナル・ドリップバッグコーヒー「Eiwa Café」を制作し、チャリティやその他の様々な発信活動を通じて SDGs の達成を目指して継続している（2023 年現在）。プロジェクトの活動内容には、コーヒー生産やミカフェート社の取り組み、SDGs についての学習、実際にコーヒーを試飲して行う豆選び、パッケージのデザインやコンセプト開発、学園祭や地域でのプレゼンテーション、英和高等部との連携授業など多様な内容が含まれている。

　しかし、学びとしての「プロジェクト」の観点に立てば、同コーヒープロジェクトは、大学生一人ひとりがごく普通の大学生活のなかで自分のできる範囲で考えて行動することが主軸となっている。教師や大学から与えられた課題をこなすのではなく、学生同士がともに試

行錯誤しながらプロセスを進めていく参画そのものに意義をもっている。プロジェクトメンバーの学生たちにとって、「美味しい一杯のコーヒー」を目の前の人に提供していくことと、サステイナブルな社会の達成を目指すこととは、思考と行動の両面でつながっていく。

　このことはドリップバッグ「Eiwa Café」のデザインにも表れている。パッケージ中央の二人の女性は、左側が生産者である農園主を、右側が消費者である英和生を表している。行為だけをシンプルにみれば、ここにあるのはコーヒーの生産・消費である。しかし、SDGsの学びとしてみれば、この図は「生産者（女性たち）が将来にわたって安定した生活を送れるように（目標5 ジェンダー平等を実現しよう）」、「生産者の責任と消費者の責任（目標12 つくる責任・つかう責任）」「東洋英和・農園の協働（目標17 パートナーシップで目標を達成しよう）」といった、サステイナビリティの実現を象徴している。さらにはここから、本章4節で述べられた「共同生産者」という、新たな関係が生まれ、新しい活動の提案へとつながっていくのである。

　ここで、あらためてSDGsの学びとしてのプロジェクト学習が二重の意味で「パートナーシップ」の構築に基づく目標達成を目指していることがわかる。一つの意味は、前述の通り生産者・消費者のパート

ナーシップである。SDGs の学びは、生産者・消費者の双方がそれぞれの立場から製品を生み出す主体的な「共同生産者」であることの学びとなる。もう一つの意味は、民間企業・学生（教育機関）・公的機関といった、いわゆる産・学・官のパートナーシップである。各企業が追及する生産活動、学生一人ひとりがなりたい自分になるための行為としての学修、公的機関が掲げる公共の福祉……一つひとつは異なるように見えるそれぞれの目的は、SDGs の学びとしてのプロジェクト活動のなかで、三者の連携によってはじめて成り立つ目的であることが明らかになる。SDGs のターゲット 17.17「さまざまなパートナーシップの経験や資源戦略を基にした、効果的な公的、官民、市民社会のパートナーシップを奨励・推進する」実践の一つとしての大学におけるプロジェクト型学習は、まさに次世代市民社会の担い手となる大学生にとって、不可欠の学びとなるだろう。

　以上をふまえると、大学において SDGs を学ぶプロセスを以下のようにまとめることができる。第一に、SDGs の情報や知識を自分なりの「問い」をつくるきっかけしていくこと。第二に、実際に行動を起こしてみること。これまで本書で示されてきた SDGs に示される 17 の目標と 169 のターゲットは、皆さん一人ひとりのアクションのなかで具体的な「ゴール」となる。第三に、自分の問題意識を他者と共有・発信すること。いうまでもなく、SDGs の達成を目指すプロセスでは社会全体やグローバルな視点が重要であり、一人で頑張るだけでは状況は変わらない。そのため、一人の問題意識を他者に共有していく力や発信していく力が求められる。

　最後に、そうした SDGs の達成を目指し他者と協働するなかで楽しさを見つけていくこと。大学では、言われた通りにやる「勉強」を超えた「学問」の世界に触れることで、答えがない「問い」や社会的な課題に取り組んでいく段階を迎える。そこでは様々な創意工夫や協働が可能となり、多様なアクションがあり、「間違い」は存在しない。

SDGs の学び＝サステイナブルな社会づくりのなかで皆の目線を合わせていくプロセスをどうか楽しんでほしい。

引用・参考文献

田中智志・橋本美保（2012）『プロジェクト活動──知と生を結ぶ学び』、東京大学出版会。

Timothy J Killeen and Grady Harper, "Coffee in the 21s Century: Will Climate Change and Increased Demand Lead to New Deforestation?", Conservation International, April 2016.

ディスカッション・ポイント

本章をふまえて考えてみましょう。

① 身近な飲み物を通して、SDGs 達成に向けてどのような行動
   ができるのか考えてみましょう。

② スーパーマーケットに行って、認証マークがついたコーヒー
   がどのように販売されているか、実際に調べてみましょう。

読書案内

著者	旦部幸博 著	出版年	2017	出版社	講談社現代新書
タイトル	『珈琲の世界史』				

▸ 世界におけるコーヒーの歴史がコンパクトにまとめられている。コーヒーと社会や経済情勢との関係性にも触れながら、歴史を学ぶことができる。

著者	辻村英之 著	出版年	2012	出版社	太田出版
タイトル	『増補版 おいしいコーヒーの経済論 ──「キリマンジャロ」の苦い現実』				

▸ 経済の視点からコーヒー生産の現状・課題について詳しくまとめた本。現在の国際課題について市場の動向をふまえたうえで分析している。コーヒーにまつわる経済学の入門書としてもおすすめ。

著者	José・川島良彰、池本幸生、山下加夏 著	出版年	2021	出版社	ポプラ社
タイトル	『コーヒーで読み解く SDGs』				

▸ コーヒーと SDGs との結びつきについて、各ゴールに関連する社会課題をあげながら説明している。コーヒー生産に関する産地の最新動向・課題について、わかりやすく解説されている。

コラム3

サステイナブルコーヒー
（持続可能なコーヒー）とは

日本サステイナブルコーヒー協会　理事長
株式会社ミカフェート　代表取締役　社長
川島良彰

　はじめて「サステイナブルコーヒー」という言葉を耳にしたのは、1995年、アメリカのスペシャルティーコーヒー協会の年次総会のセミナーだった。「持続可能なコーヒー？」、当時私はハワイ島で農園開発に携わるかたわら世界中のコーヒー生産国に足を運び技術指導や買いつけをしていたので、その意味が理解できなかった。なぜなら畑に行けばたわわに実ったコーヒーがあり、日本では至るところに自動販売機で缶コーヒーが売られていたからだ。「コーヒーが持続不可能になることなどあるのか」、と疑問をもった。しかし、その後コーヒーの国際相場が上がり、いつのまにかこの言葉も聞かれなくなってしまった。

アジア通貨危機とコーヒーの危機

　1997年、先進国のヘッジファンドが仕掛けた通貨の空売りでアジア通貨危機が起こり、タイ、インドネシア、マレーシア、韓国などが大打撃を受けた。スマトラ島の農園開発責任者も兼務し、まさしくそのときインドネシアに滞在していたので、持っていたルピアの価値が一晩で大暴落し呆然としたことを覚えている。

一見コーヒーとは無関係な事柄に思えるこのアジア通貨危機が、その後コーヒーに大きな影響を与えることになるとは予想もつかなかった。

　アジアの国々を経済的に窮地に陥れ莫大な利益を得た投資家たちは、そのもうけた金の再投資先として国際相場が低迷していたコーヒーに目をつけたのだ。その結果、コーヒー相場は、318セントまで高騰した（アラビカコーヒーはニューヨーク商品取引所で取引された価格が指標となり、1ポンドの生豆をアメリカドルのセントで表示する）。ちなみにその後ブラジルの霜害やコロナの影響により価格が高騰し、2022年には246.90セントまで上がりマスコミでも取り上げられたが、いかに1997年の投資ファンドの影響が大きかったかわかっていただけると思う。

　それまでのコーヒー相場は、世界最大の生産国ブラジルの天候異変が大きく影響した。ブラジルで霜が降りたり干ばつになると、価格は高騰し世界の生産者は増産体制に入る。コーヒーは植えてから3年で収穫が始まり、その間に被害を受けたブラジルの畑も再生しているので、上昇し続けた相場は3年間後に供給過多となり大暴落する。これを繰り返してきたのが、コーヒー業界だ。

　しかし、1997年は様子が違っていた。ファンドが入り相場上昇とともに、世界中が増産体制に入った一方で、投資家たちは利益を確保すると短期間であっさりコーヒー市場から姿を消した。そのため、相場はあっという間に急落した。ブラジルが普通に生産していたうえに、増産によって世界中でコーヒーが採れすぎてしまい相場は落ち続け、ついに2001年、最低価格41.50セントを記録し2年間低迷した。この「コーヒーの危機」とよばれた期間、生産国は悲惨な状態だった。産地を訪問するたびに、生産者が破産し銀行管理になったコーヒー畑が牧草地に変わり牛が放牧されるような光景を何度も見た。知りあいの農家を訪ねると、夜逃げしてもぬけの殻になっていた。農協や輸出

会社の倉庫は、売れないコーヒーであふれていた。破綻したのは生産者ばかりでなく、農協や輸出会社も大打撃を受けたのだ。そして再び、「サステイナブルコーヒー」という言葉を耳にするようになった。まさしくコーヒーが持続不可能になったのだ。

　当時私は、日本に帰国するたびに日本のコーヒー業界に対し産地の危機的状態を発信したが、超安値を謳歌していた業界において聞く耳をもつ人はおらず、この惨状が日本の消費者に届くこともなかった。

　このとき、私は生産国と消費国には大きな溝があることを実感し、これがきっかけで、「サステイナブルコーヒー（持続可能なコーヒー）」を真剣に考えるようになった。

　そしてもっと以前に私が、コーヒーが持続不可能に陥る瞬間を目の当たりにした実体験があることを思い出した。

エルサルバドルでの実体験

　1975 年、私は中米エルサルバドルの国立コーヒー研究所（Instituto Salvadoreño de Investigaciones del Café: ISIC）に留学した。この年、四国より少し大きい程度の小国エルサルバドルは、ブラジル、コロンビアに次ぐ世界第 3 位の生産国になった。ISIC は当時世界でもトップクラスの研究所で、その研究結果をもとに農事普及員が農家を指導する体制が整っていた。エルサルバドルの平均単位生産高が世界 1 位だったから、小国なのになし得た快挙だった。そしてこの年、過去最悪といわれた霜害がブラジルを襲い、3 年間国際相場は上がり続け 337.55 セントに達した。しかしこのコーヒー景気で潤ったのは一握りの資産家階級だけで、国内では貧富の差がさらに拡大した。

　それまで寡頭政治に反対し密かに反政府活動を続けていた組織が一気に力をつけ、長期間にわたる内戦に突入してしまった。また軍事クーデターや革命が起こり、コーヒー産業の国有化、農地開放政策などが施行されたが、どれもすべて失敗した。この間に私も多くの友人を失っ

コーヒー産地における著者

たし、コーヒー畑が姿を消していった。

　内戦が終わり和平締結後、政党になった反政府組織は総選挙で勝利し政権を担ったが、国民の期待を裏切り汚職まみれで経済はさらに疲弊した。その結果、現在のエルサルバドルのコーヒー生産量は、往時の10％前後に減ってしまい、私が勉強したISICも解体され跡形もなくなってしまった。

　サステイナブルでない社会はいずれ崩壊していくことを、身をもって体験したのだ。

生産者と消費者は対等な関係

　2007年独立したことを機に、生産国と消費国の橋渡しをする目的で日本サステイナブルコーヒー協会を設立した。消費者には毎日飲んでいるコーヒーが、どんな人たちによってどのようなところで作られていて、どのような問題を抱えているのか知ってもらい、生産者には自分たちの作ったコーヒーが、どのように製品化されどのようにどん

な人たちに飲まれているかを知ってもらうことが重要だと考えたから
だ。
　生産者と消費者は、対等の立場だと思う。かわいそうな生産者が
作ったのだから買ってあげよう、というのはチャリティであって対等
な関係とはいえない。ましてやそのコーヒーが低品質だったら、それ
は施しになってしまう。
　生産者は自然環境と人権を守りながら品質を高めることに努力し、
消費国のコーヒー会社はコーヒーの価値を高めることに努力しなけれ
ばならない。そして消費者はその価値を認め、価値に見合った価格を
払うような市場ができることを祈っている。

コラム4

高大連携プロジェクト
『一杯のコーヒーから始める SDGs 』

東洋英和女学院中高部 総合探究委員会主任　牧野美穂子

　2021 年 7 月。東洋英和女学院大学と高等部の共同企画による『東洋英和コーヒープロジェクト』は始まった。文部科学省が平成 30 年版の学習指導要領に掲げた「総合的な探究の時間」は、高等部では授業「総合探究」として SDGs をテーマに展開されている。この授業内で大学のコーヒープロジェクトから尾崎博美先生と高﨑春華先生による講演会が行われた。プロジェクトのメインメッセージである「一杯のコーヒーから始める SDGs」の内容に高等部 1 年生の生徒たちは、興味津々で聴き入った。これまで中学 3 年生の総合学習で、SDGs の基本を学んではいるが SDGs 達成のための実例については、ほぼはじめて聴く内容だったのだ。生徒たちが取り組むテーマは「あなたは、どのようにして持続可能な社会づくりに役立てるか」である。自分たちとあまり年齢の変わらない大学生が、日本にいながらにして遠く離れたコロンビアのコーヒー農園の人々とつながり、サステナブルに支援しているという事実に、まさに目から鱗が落ちる思いであったと思う。コーヒーを飲むだけでなく、生産者や企業の立場からコーヒーを見るという視点を与えられたのだ。講演後、「私も一緒にコーヒープロジェクトの活動がしたい」と希望した生徒がおり、その願いは 2021 年度に「高大連携東洋英和コーヒープロジェクト」として実現した。参加希望者を募ったところ、高校 2 年生 2 名と高校 1 年生 12

名の合計計14名が集まり、プロジェクトがスタートした。

　まずはじめに生徒たちは、SDGs関連のワークショップなどを通してSDGs17ゴール全体についての学びを深めた。高等部では教員がSDGsカードゲームのファシリテーター資格をとり、生徒と共にSDGsの学びを深めていく環境を作っている。生徒たちは、3〜4人の四つのグループに分かれ、グループごとに目指すゴールとその達成を目指す活動を選んでいった。そして、こうした事前準備を経て、大学との共同ワークショップの日を迎えた。

　7月20日。高大連携コーヒープロジェクトの「キックオフミーティング」が、大学のラーニングコモンズで行われた。コーヒーのイメージについてブレストをし、それらを消費者、生産者、企業のカテゴリーに分類し、コーヒーのもつ側面を浮き彫りにしていくワークショップや、ミカフェート社の菅原氏による講演「畑から抽出まで」、3種類のコーヒーの試飲会などが行われた。当初、高校生である生徒たちにとって「コーヒー」は少し遠い飲み物だったが、実際に美味しいコーヒーを飲み、大学生のファシリテートを受けて意見交換をするなかで、コーヒーのサプライチェーンに潜むさまざまな課題を知り、サステナブルな未来の実現のために必要な行動のヒントを得ていった。

　9月23日。緊急事態宣言下、生徒たちは第2回ミーティングをリモートで行い、11月に開催される高等部文化祭「楓祭」でコーヒープロジェクトの展示と模擬店を行う計画を話しあった。模擬店では大学製作の『Eiwa Café』をチャリティ販売すると決め、コーヒーのパッケージに封入する高等部メンバーとしてのキーメッセージカードについて学年を超えてアイデアを出しあった。

　10月8日。第3回の活動にて高等部のキーメッセージカードが完成した。表面は、コーヒープロジェクトの目指す五つのゴールのなかでも、特にSDGs 5・8・15の達成を目指す思いを込めて、「"Eiwa Café"を飲むことで、ジェンダー平等・産地の経済成長・自然環境

の保全等の実現への第一歩となるのです」を載せた。さらにカードの背景には、校章のモチーフである楓の葉を組み合わせ、裏面は中高部のセーラー服をモチーフにしたデザインに仕上げるなど、高等部の生徒自身のプロジェクトであることを表現した。

　10月15日・26日。第4・5回の活動は予約販売（チャリティ）用の案内プリントの作成と、納品された『Eiwa Café』のなかに高等部のキーメッセージカードを大学作成のカードに加えて封入した。事前予約には予想を超える申し込みがあり、大学から追加の『Eiwa Café』を調達して、当日を迎えることができた。

　11月10日楓祭当日。『Eiwa Café』は早い段階で完売した。楓祭では、『コーヒーに関するSDGs』をテーマにしたポスター展示や生徒の活動の様子をスライドショーにして発表し、多くの人にコーヒープロジェクトの活動を広く知っていただく良い機会となった。会場には、大学生のプロジェクトメンバーや尾崎先生、高﨑先生も来訪し、展示内容やチャリティの進め方などについて意見交換を行なった。7月のキックオフミーティング以来の再会だったが、大学と高等部のメンバーが一堂に会し、そこには一つのプロジェクトを共につくっているという活気に満ちた光景があった。「東洋英和は一つのファミリーである」ことを実感すると同時に、その景色はこの先のコーヒープロジェクトのさらなる発展を予感させた。

　2022年6月にパナマのノベ族の子どもたちの学習支援を目的とした中高部オリジナル「Eiwa Café」が完成し、2024年2月に、これまでの売り上げより、ノベ族の子どもたちが通う学校であるCasa Esperanzaへコトワ農園を通して寄付をさせて頂くことが叶った。2023年5月には、ネットショップ「Eiwa Leaf」を立ち上げ、販売の範囲を広げた。現在2024年1月には、半年の製作期間を経て、エルサルバドルの子どもたちの教育支援を目的とした第2弾の「2°Eiwa Café」の販売を開始した。現在、コーヒープロジェクトのメン

バーは、中 1 ～高 3 にわたり 32 名となり、新たな試みを準備中である。

　SDGs の達成を目指す高大連携コーヒープロジェクトは、本学院の創立者でありカナダ・メソジスト教会婦人伝道会社の最初の日本派遣宣教師でもあるマーサ・カートメル先生の「誰かのためにまず私から始めましょう」という言葉により支えられているように思う。プロジェクトで実際に活動している生徒たちの表情が生き生きと輝いていくのを目にすることで、誰かのために行動することから生まれる喜びや達成感を感じとっていることがわかる。このプロジェクトに関わってくださったすべての方に感謝し、この先も SDGs の達成を目指す生徒たちの活動が連綿と続いていくことを願っている。

高大連携コーヒープロジェクトの活動

第10章
民主主義社会における「表現の自由」と ジャーナリズムの役割

小寺敦之

本章のキーワード

民主主義　表現の自由　報道の自由　ジャーナリズム

本章のテーマに関連する主要な SDGs 目標

貧困を なくそう	飢餓を ゼロに	すべての人に 健康と福祉を	質の高い教育を みんなに	ジェンダー平等を 実現しよう	安全な水とトイレ を世界中に
エネルギーを みんなに そしてクリーンに	働きがいも 経済成長も	産業と技術革新の 基盤を作ろう	人や国の不平等 をなくそう	住み続けられる まちづくりを	つくる責任 つかう責任
気候変動に 具体的な対策を	海の豊かさを 守ろう	陸の豊かさも 守ろう	平和と公正さを すべての人に	パートナーシップで 目標を達成しよう	

1. 「平和で包括的な社会」の実現のために

　国際社会を取り巻く問題は地球環境や経済格差だけではない。児童労働や児童婚、虐待といった子どもを取り巻く問題、性暴力や性差別といったジェンダーに関わる問題、そして暴力による支配やテロリズムなどの問題がいまだ山積しており、その多くが抜本的な解決に至っていない。「平和で包摂的な社会を促進」するという SDGs 目標 16 は、これら国際社会を取り巻く問題を解決する道筋を作ることを求めているといえよう。

　国際社会で起きているこれらの諸問題は、基本的人権と呼ばれるものと大きく関わっている。基本的人権には、自由権（精神や身体が拘束されない権利）、参政権（政治に参加する権利）、社会権（生活を保障される権利）といった権利が含まれる。これらの基本的人権の価値を認識・共有することが個々の人間の価値の担保につながることはいうまでもないが、同時にそれぞれの社会には基本的人権を守る法律や制度を設けることでこれを保障することが求められる。基本的人権を尊重する社会を作ることと、国際社会の問題を解決することは密接に結びついているのである。

　国連の「世界人権宣言」（1948 年）をはじめ、国際社会は長い間、基本的人権が尊重される社会の構築を目指してきた。しかし、基本的人権のあり方は国や地域によって大きく異なっており、これが充分に保障されているといいがたい国もいまだ数多く存在する。

　一般的に、基本的人権が尊重される社会は、市民が政治の主役（主権者）となり、国民から選ばれた代表者による意思決定が行われる民主主義社会の形をとることが多い。つまり「平和で包摂的な社会を促進」するためには、民主主義的な価値観が共有される必要があるといえるのである。だが、イギリスの雑誌『エコノミスト』の調査部門が

毎年発表している「世界民主主義指数」を見ると、民主主義が実現している社会は必ずしも多くない（【図表 10-1】）。「完全な民主主義」と評価されている国は 167 ヵ国中のわずか 24 ヵ国である。世界には、王族が支配する国や、武力で制圧したリーダーが統治を続ける国、国民の海外渡航が許されない国や、国会や裁判所が存在しない国もある。これらの多くは、独裁的な国家運営が行われる「権威主義国家」と記されるが、それが世界の 3 分の 1 を占めているのである。もちろんすべての権威主義国家を同列に扱うことはできない。一定の自由を認めたり、あるいは黙認することで、現在の権威主義体制を保っている国もある。しかし、自分の意思を表明することも、自分の生き方を選択することもできない社会が数多く存在することも確かなのである。

　本章では、基本的人権のなかでも、社会に向けて声をあげるという点で重要な「表現の自由」を取り上げる。そして「表現の自由」を社会のレベルで実現する役割を担うジャーナリズムの意義について考えてみたい。

【図表 10-1】世界民主主義指数（2022 年版／抜粋）

順位	国	スコア
完全な民主主義（Full democracy）		
1	ノルウェー	9.81
2	ニュージーランド	9.61
3	アイスランド	9.52
4	スウェーデン	9.39
5	フィンランド	9.29
〜	〜	〜
16	日本	8.33
17	コスタリカ	8.29
18	イギリス	8.28
19	チリ	8.22
欠陥のある民主主義（Flawed democracy）		
25	チェコ	7.97
25	ギリシャ	7.97
27	エストニア	7.96
28	ポルトガル	7.95
〜	〜	〜
混合体制（Hybrid regime）		
73	バングラデシュ	5.99
74	パプアニューギニア	5.97
75	ペルー	5.92
76	マラウイ	5.91
〜	〜	〜
権威主義体制（Authoritarian）		
109	アンゴラ	3.96
110	パレスチナ	3.86
111	クウェート	3.83
112	ニジェール	3.73
〜	〜	〜
163	シリア	1.43
164	中央アフリカ	1.35
165	北朝鮮	1.08
166	ミャンマー	0.74
167	アフガニスタン	0.32

『エコノミスト』インテリジェンスユニットのウェブサイトより筆者が作成。167ヵ国のうち「完全な民主主義」と評価されているのはわずか24ヵ国。一方で59ヵ国は民主主義から最も遠い「権威主義体制」とされている。実に世界の3分の1の国が今も権威主義体制のもとにある。

2. 個人／声をあげること（「表現の自由」の保障）

(1) 基本的人権と「表現の自由」

　前述したように、基本的人権には自由権・参政権・社会権が含まれるが、なかでも歴史的に重要なものが、自由権と呼ばれるものである。そして、この自由権も三つの領域（精神的自由・身体的自由・経済的自由）に分けることができる。

　精神的自由には、思想・良心の自由、信教の自由、集会・結社、学問の自由などがある。本章のテーマである「表現の自由」もここに含まれる。つまり、何かを考え表明すること、そしてそれを共有するといった人の内面的な活動とそれに伴う行動の自由を指す。たとえば「信教の自由」も、他者を認め、共生する社会を目指すという点でも重要なものである。国が定めた宗教を国民に強制することは、それと異なる社会を排除・敵視することに結びつくからである。

　身体的自由には、奴隷的拘束や苦役からの自由、法定手続の保障、住居の不可侵、被疑者・被告人の権利保障などが含まれる。適切に裁判を受けて、道具のような扱いは受けないというのは重要である。2019 年に香港で起きた大規模な民主化デモのきっかけは、犯罪容疑者の中国本土への引き渡しを認める「逃亡犯条例」の改定案への反対運動だった。イギリス領だった香港は、中国に返還されても「一国二制度」という仕組みのもとで、中国とは異なる立場であり続けてきたが、「逃亡犯条例」改定案は、香港ではなく中国のルールで裁判が行われることを認めるものであり、それまで香港で保障されてきた「身体的自由」を大きく制限するものであった。2020 年の法律の制定とともに、香港では中国の介入が強くなり、民主化運動家たちも相次いで逮捕・拘束される事態になっている。

　経済的自由には、居住・移転・渡航の自由、職業選択の自由、財産権の不可侵などが含まれる。たとえば、江戸時代の日本では、地域

（藩）に仕えるのが人々の役目であり、他の土地に移動するのは脱藩という裏切り行為だった。また、インドのカースト制度のように、身分や階級による職業選択の制限が行われてきた歴史をもつ国も多い。

　このように、自由権が扱うものは幅広いが、そのなかでも民主主義の核と位置づけることができるのが精神的自由の一つ「表現の自由」である。自分の意見を言い、みんなで議論して、物事を決めていくというのは、民主主義社会＝市民が主役の社会の前提になるからである。

(2)「表現の自由」の歴史的展開

　「表現の自由」とは、制限や検閲を受けることなく、個人が自身の思想・意見・感情を社会に表明できる権利を指す。1966 年に採択（1976年に発効）された「国際人権規約・B 規約（自由権規約）」にも「すべての者は、干渉されることなく意見を持つ権利を有する」（第 19 条1 項）、「すべての者は、表現の自由についての権利を有する。この権利には、口頭、手書き若しくは印刷、芸術の形態又は自ら選択する他の方法により、国境とのかかわりなく、あらゆる種類の情報及び考えを求め、受け及び伝える自由を含む」（第 19 条 2 項）とある。「表現の自由」は、国際社会が人々に共通に約束した権利といえる。

　だが、社会におけるあらゆる権利と同じく、「表現の自由」の考え方が確立されたのは比較的最近のことである。

　社会のなかで「表現の自由」が意識されるようになったのは、近代の幕開けを告げるルネサンス期のヨーロッパとされている。ルネサンス期に生み出されたものの一つが活版印刷術であった。ドイツのヨハネス・グーテンベルクにより発明された活版印刷術は、火薬・羅針盤と並び、ルネサンスの三大発明とされており、15 世紀以降ヨーロッパが世界に進出していく原動力の一つとなったものである。

　印刷術が普及するまで、人々は手書きの本を作っていた。つまり、

本は書き写すものだったわけである。そのため、知識や情報を他者に伝えるのは容易なことではなかった。人から人へ直接口頭で伝えるしか、ほとんど術がなかったのである。だが、印刷術は、個人の意見や社会で起きた出来事を一気にたくさんの人に知らせることができる環境を生み出した。宗教改革を行い、キリスト教にプロテスタントという流れを作ったマルティン・ルターも、カトリック教会への批判を印刷して貼り出したり、印刷本として配布して、その思想を普及させていった。印刷物が、人の思想や信仰に大きな影響を及ぼす社会が誕生したのである。

やがて「この本が正しい」「これは不道徳である」といった具合に印刷物が思想や信仰のベースになっていく流れが生まれると、いわゆる「公認の本」が登場する。言い換えれば、権力者の意にそぐわない本の出版は認めないということでもあり、国や教会が出版物を検閲、つまり事前にチェックするようになった。宗教や権力を批判する本を撲滅するため、出版人の取り締まり・弾圧が見られるようになり、出版物の規制・事前検閲も当然のごとく行われた。印刷物は、国や政治家の批判を簡単に人々に伝えてしまう道具として、権力者から「厄介なもの」と思われたのである。

その後、1642年から清教徒革命（ピューリタン革命）と呼ばれる市民革命がイギリスで起き、王権から共和制に移行する。この過程で、絶対王政下で行われていた出版物に対する事前検閲や統制は廃止され、出版も事実上自由になったが、数年後に議会は再び許可なく書物を出版することを禁じた。革命者たちも、権力の座に就くと批判されることを恐れたのである。こうした権力者の「人々に自由に意見を言わせたくない」という思考は「表現の自由」を考えるうえで重要である。

この状況に一石を投じたのがジョン・ミルトンであった。彼は1644年に『アレオパジティカ』を出版する。本のサブタイトルは「許可なくして印刷する自由のためにイギリス議会に訴える演説」という。

これは政府の検閲を受けずに、無許可で出版したパンフレットだった。ここでミルトンは、古代ギリシャ以降の歴史を並べ、民主主義社会の元祖である古代ギリシャは人々が自由に発言したから発展したこと、出版の規制や検閲は真理の探求にとって障害となることを力説した。ミルトンにとって「表現の自由」は古代から私たちの社会に存在し、社会を発展させてきた原動力だったというわけである。

　ミルトンの考え方が形をなしていくのは、市民が物事を決める社会、つまり近代民主主義国家誕生の兆しが見えてくる 17 世紀後半になってからである。イギリスの名誉革命、そしてフランス革命では、国のあり方、政治のあり方が変わったが、その過程で「表現の自由」の原型となるような考え方が示されるようになった。市民が自分たちで国の運営を担おうとするとき、権力者からその自由な議論を妨げられないようにするというのは、必要不可欠な約束ごとだったのである。

　そして、1791 年の「アメリカ合衆国憲法」に、人類史上はじめて「表現の自由」が明記されることになる（アメリカ合衆国憲法自体は、1788 年に世界最古の成文憲法として成立したが、1791 年に修正条項が追加された）。そこには「連邦議会は、国教を定めまたは自由な宗教活動を禁止する法律、言論または出版の自由を制限する法律、ならびに国民が平穏に集会する権利および苦痛の救済を求めて政府に請願する権利を制限する法律は、これを制定してはならない」（修正条項第 1 条、米国大使館 American Center Japan 訳）と書かれた。

　アメリカでも、独立宣言以前のイギリス植民地時代には政府の許可がないと新聞を発行できず、多くの新聞が政府の意にそぐわないとして発行禁止処分を受けていた。アメリカでも最初から自由が与えられていたわけではないのである。「表現の自由」は権力に抵抗した人々の勝利の証でもあり、ゆえに政府の意向で人々の意見が封じられないようにするということが国として出発する際の憲法に明記されたのである。「表現の自由を保証する」ではなく「表現の自由を侵害するよ

うな法律を制定してはいけない」と書かれているのは、表現が規制されてきたという歴史のうえに成り立っている権利だからといえる。

(3) 「表現の自由」の意義

　欧米では「表現の自由」は人々が勝ちとってきた権利であり、最も大事な権利の一つとされている。1700 年代を生きたフランスの哲学者・ヴォルテールのものとされる「私はあなたの意見には反対だ、だがあなたがそれを主張する権利は命をかけて守る」という言葉は、「表現の自由」を端的に言い表わした名言として知られている。これが本当にヴォルテールの言葉かどうかは不明とされているが、どれだけ憎くて、自分とは相いれない考えであっても、それを表明する自由そのものは認めるというこの理念こそが「表現の自由」の根底にある。第 3 代アメリカ合衆国大統領のトマス・ジェファソンも「新聞がない政府と政府がない新聞のどちらかを選べと問われたならば、私は迷いなく後者を望むだろう」という言葉を残している。自由な議論がある社会と自由な議論がない社会であれば、政府がなくても自由な議論がある社会のほうが健全であるという意味である。

　1800 年代に活躍したイギリスの哲学者であるジョン・スチュアート・ミルの『自由論』には「表現の自由」の価値について次のように記されている。①真理には価値がある、②誰かが真理を知っているとどれだけ確信していてもその判断が間違っている可能性がある、③ゆえに自由な思想は真理の出現の可能性を増大させる。つまり、それが不愉快で馬鹿げた意見であっても、絶対に間違っていることが証明されない限りは意見の表明を否定してはいけない。その正誤は違う視点から議論することで明らかになるので、意見を封じることは真理の探究を妨げることにつながるというわけである。

　この「真理」という言葉は、人々の幸福やより良い社会を指していると読み替えてもいいだろう。人々の幸福やより良い社会とはどのよ

うなものか、そのためには何をすれば良いのか、これを考え、議論していくことが、人々の幸福やより良い社会の実現につながっていくというわけである。自分より力の強い者、自分たちが暮らす社会を統治する者、そして場合によっては神を相手にしても「それは違うのではないか」「別の考え方はどうだろうか」と言える権利を保障することが「表現の自由」の根源にある考え方なのである。

3. 制度／民主的なメディアの役割

(1)「表現の自由」とジャーナリズム

　前述したように、「表現の自由」は、誰に何を言っても許される権利としてではなく、人々が権力者に声をあげるための権利として成立してきた。その意味で「表現の自由」は、立場の弱い者が平穏に日常を生きる権利が妨害・制限されたり、あるいは搾取されたりすることに対する異議申し立てや批判を保障する権利ともいえる。そして、人々の幸福やより良い社会を実現するためには、こうした意見をふまえながら議論を行なっていくこと、あるいはこうした立場にある人々とともに考えていくことが必要不可欠となってくる。

　だが、こうした活動を個人が行うことには限界があり、人々がもつ「表現の自由」を行使する社会的な制度が必要となる。そして、多くの社会では、新聞・雑誌・テレビといった報道機関が、これを「報道の自由」として具現化する役割を担っている。報道機関は「表現の自由」を行使する社会的制度と捉えることができるのである。

　一般的に、報道機関が行う活動は「ジャーナリズム」と呼ばれる。アメリカでは、ジャーナリズムの役割を語るときに「番犬（Watch Dog）」という表現を用いることがある。つまり、権力者の横暴や不正を監視し、必要であれば吠える（批判する）のがジャーナリズムの役割であるというわけである。

「番犬」の飼い主は、権力者ではなく市民である。アメリカ政府が国民に情報を隠しながらベトナム戦争に突入していった顛末を『ニューヨーク・タイムズ』が告発した 1971 年の「ペンタゴン・ペーパーズ事件」や、現役大統領による選挙妨害活動を『ワシントン・ポスト』が明らかにした 1972 年の「ウォーターゲート事件」は、ジャーナリズムの役割を適切に果たした出来事として紹介されることが多い。イギリスの公共放送 BBC も、スエズ危機やフォークランド紛争で、政府と対立する報道姿勢を堅持したことで知られる。他にも、日本を含む多くの国で、報道機関が重要な役割を果たした出来事はいくつも存在する。

　ジャーナリズムが健全に機能している社会では、報道機関は政治権力と一体化することなく、権力から独立した状態で自由に報道が行われる。そして、ときには権力と対立しても社会に問題提起を行い、議論を展開させていく役割を担うことが期待される。そして、報道機関にはそれに伴う高い社会的責任が求められており、ジャーナリストにも高いプロ意識が要請されるのである。

(2)「報道の自由」がない国

　だが、ジャーナリズムという語が用いられるのは、前述した「表現の自由」の行使者としてメディアが機能している場合に限られるようである。新聞・雑誌・テレビ、そしてインターネットといったメディアが存在することが、私たちと同じ「報道の自由」を享受している社会であることを意味するわけではない。メディアの役割は、それぞれの国や地域がどのような政治体制にあり、何を目指しているのか、そのためにメディアがどう位置づけられているのかによって大きく異なってくるのである。

　たとえば、北朝鮮では、新聞もテレビも、最高指導者である金正恩委員長を称え続け、一切の批判をしない。北朝鮮のメディアは政府の

宣伝（プロパガンダ）の道具なのである。だが、北朝鮮のメディアが現在の独裁政治体制を維持するため、国民の忠誠を促進するための制度として存在していると考えると、これは決して不思議なことではない。中国でもメディアは国によって統制され、政府に批判的な報道はほとんど行われない。「表現の自由」の行使者としてメディアが位置づけられていないのである。中国では、インターネットへの監視も強化されており、特定のウェブサイトが中国国内から見られなくなったり、政府に批判的なコメントを書き込んだことで逮捕・投獄されたりする事例も報告されている。

　フランスで設立されたNGO「国境なき記者団」が毎年発表している「報道の自由度ランキング」によると、北朝鮮や中国は「報道の自由」がほとんど保障されていない国とされている（次ページ【表10-2】）。そして、世界には「報道の自由」が保障されていない国、問題がある国のほうが多い。

　ところで、この「報道の自由度ランキング」は、本章の冒頭に示した「世界民主主義指数」と近似したものとなっている。「表現の自由」は民主主義的な考え方を基盤に成立しているので、それを具現化するための「報道の自由」も民主主義的な理念に支えられている国に限定されたものになるのは当然であろう。政治体制に脅威を及ぼさない範囲においては人々の表現活動に厳しい制限を課していない権威主義的な国も一部にあるが、一般的には「報道の自由」が行使されるためには、それを受け入れ、保障する社会的土壌が必要なのである。

　私たちが暮らす社会から他国のメディアを見ることは、一面的な見方になるかもしれない。「表現の自由」や「報道の自由」を認めない国に対して、それを批判することは適切ではないという意見もあるだろう。だが、本章の冒頭で述べたように、基本的人権が尊重される「平和で包摂的な社会を促進」するには、民主主義的な価値観が不可欠であり、「表現の自由」はその軸になる。そして、この自由を勝ちとる

【図表 10-2】報道の自由度ランキング（2023 年版／抜粋）

順位	国	スコア
非常に良い（good situation）		
1	ノルウェー	95.18
2	アイルランド	89.91
3	デンマーク	89.48
4	スウェーデン	88.15
良い（satisfactory situation）		
9	ポルトガル	84.60
10	東ティモール	84.49
11	リヒテンシュタイン	84.47
12	スイス	84.40
問題あり（problematic situation）		
53	ルーマニア	69.04
54	コートジボワール	68.83
55	キプロス	68.62
67	レソト	64.29
68	日本	63.95
69	パナマ	63.67
悪い（difficult situation）		
108	インドネシア	54.83
109	チャド	53.73
110	ペルー	52.74
111	エスワティニ	52.66
非常に悪い（veryserious situation）		
150	パキスタン	39.95
151	アゼルバイジャン	39.93
152	アフガニスタン	39.75
176	トルクメニスタン	25.82
177	イラン	24.81
178	ベトナム	24.58
179	中国	22.97
180	北朝鮮	21.72

「国境なき記者団」のウェブサイトより筆者が作成。ここでは、メディアの独立性、自己検閲、ジャーナリストへの暴力などが数値化されている。日本は 2010 年には 11 位だったが、安倍政権下の 2016 年と 2017 年には 72 位にまで後退した。

ための活動は今も世界中で展開されている。

（3）殺される記者たち

「表現の自由」が存在しないこと、あるいは不充分であることは、その社会に生きる人々にとっては声をあげる機会がないということでもある。だが、彼らもそれぞれに意見をもち、国や権力者に対する不満や要求を抱えている。理不尽な境遇を訴えたり、あるいは改善を求める想いをもつこともあるだろう。

報道機関やジャーナリストのなかには、こうした人々の意見を代弁することを使命とする者もいる。だが、「報道の自由」が保障されない国では、こうした人々の声を代弁する行為自体が命を賭けたものとなる。

たとえば、2018年には、サウジアラビア政府に批判的な記事を多く発表していたジャマル・カショギ記者が、トルコにある総領事館で拘束・殺害された。実行犯は逮捕され、サウジアラビアの裁判所から死刑判決を受けたが、カショギ記者の拘束・殺害が誰の指示によるものであったかは明らかにされていない。サウジアラビアは、サウード家による絶対君主制を敷く独裁国家であり、国の要職は王族によって占められている。「報道の自由度ランキング」でも、サウジアラビアは最下位グループの170位である。

「国境なき記者団」は、世界中で殺害・投獄・行方不明となったジャーナリストを調査・公表しているが、毎年多くのジャーナリストが殺害されたり、拘束されたりしている（次ページ【図表10-3】）。権力を批判したり、あるいは権力にとって不都合な情報を探り出すことでジャーナリストが敵と見なされることは決して珍しくない。

そんななか、ロシアの新聞『ノーバヤ・ガゼータ』のドミトリー・ムラトフ編集長と、フィリピンのオンラインメディア『ラップラー』のマリア・レッサ代表が2021年のノーベル平和賞に選ばれた。ロシアは「報道の自由度ランキング」で164位、フィリピンは132位である。

【図表10-3】 ジャーナリストの犠牲

【殺害されたジャーナリストの数】

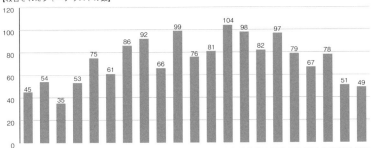

【投獄されたジャーナリストの数】

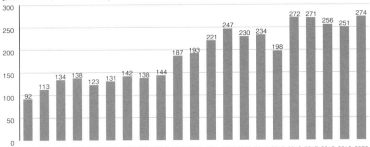

【行方不明になったジャーナリストの数】

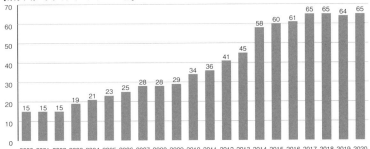

いずれも「国境なき記者団」ウェブサイトより筆者が作成（2021年10月のデータ）。「殺害」には明確な殺意が不明なものも含む。「投獄」はその年に新たに投獄された人数であって、長期的に拘束されているジャーナリストも多い。また、それぞれの数値は「国境なき記者団」が把握しているものであって、相当の暗数（実際の数値との差）があることにも留意したい。

ロシアではメディアは監視対象とされており、言論活動に対する圧力や規制は年々強まっている。政権に対して批判的な立場をとる『ノーバヤ』も例外ではなく、これまでに複数人の記者が殺害された。フィリピンの『ラップラー』も、レッサ代表が逮捕されるなどの圧力に屈せず、強権的なドゥテルテ大統領に批判的な報道を続けている。

　彼らがノーベル平和賞の栄誉に浴するということは、いまだ彼らのこうした活動が注目されなければならない状況にあることの裏返しでもある。声をあげること、人々の声を代弁すること、正義感をもって権力に立ち向かう行為を保障することは、自分たちの生きる社会について人々が考え、議論するために必要不可欠な仕組みであり、この仕組みを正常に機能させることが国際社会にはますます求められるのである。

4. 私たちに課された責任

　世界史のなかで「表現の自由」が登場したのはわずか300年ほど前で、人類の歴史を考えると最近のことである。したがって、国際社会における「表現の自由」の将来を悲観するのはまだ早いといえるだろう。

　私たちが暮らす日本社会についても考えてみよう。1946年11月3日に交付（1947年5月3日に施行）された「日本国憲法」の21条には「集会、結社及び言論、出版その他一切の表現の自由は、これを保障する」「検閲は、これをしてはならない。通信の秘密は、これを侵してはならない」と記されている。日本における「表現の自由」は、この条文によって支えられている。

　「日本国憲法」が制定される前はどうだったのだろうか。明治時代に制定された「大日本帝国憲法」の29条には「日本臣民ハ法律ノ範圍内ニ於テ言論著作印行集會及結社ノ自由ヲ有ス」と記されていた。

日本でも近代の幕開けとともに「表現の自由」に類するものは憲法に記されたのである。しかし、この条文には大きな問題があった。「表現の自由」は「法律ノ範囲内ニ於テ」許されると書かれたのである。その結果、政府は多くの法律を作り、その「範囲内において」自由を制限する体制を強めていった。新聞や出版物には許可が必要とされ、出版前には検閲が行われ、国に都合の悪い出版物や映画の制作者は厳罰処分となったのである。その意味で、私たちの住む日本社会に、前提条件のない「表現の自由」が登場したのは遠い昔ではない。

　近年は「表現の自由」をめぐる議論が巻き起こる出来事も目につくようになってきた。フランスの風刺新聞『シャルリー・エブド』の本社にイスラム過激派が乱入して編集者や漫画家が殺害された事件（2015 年）では、宗教に対する批判の正当性が問われた。日本でも、映画『靖国 YASUKUNI』をめぐる騒動（2007 年）、「あいちトリエンナーレ」の「表現の不自由展・その後」の中止問題（2019 年）などが大きな話題となった。

　インターネットの普及も「表現の自由」に影響を及ぼしている。インターネット上での誹謗中傷、「フェイクニュース」と呼ばれる虚偽情報、ヘイトスピーチやポルノグラフィーを「表現の自由」として無制限に容認すべきであるという意見を支持する人は少ないだろう。だが、どのような歯止めをかけるべきかという議論に結論は出ていない。一方、中東・北アフリカで起きた「アラブの春」と呼ばれる民主化運動（2010 〜 2012 年）、そしてセクシャルハラスメント・性暴力被害に抵抗する市民運動「#Me Too」（2017 年）など、インターネットがより良い社会の構築に向けて活用される事例も見られる。「表現の自由」が本来有している価値は、個人が意見を発信できるインターネット社会でこそ力を発揮するかもしれない。

　「表現の自由」は、滑りやすい坂道の議論になりやすいといわれる。「これはしてはいけない」という例外を一つ認めることが、全体を壊

していくプロセスに直結するという意味である。私たちが、「表現の自由」の是非や限界そのものを自由に論じることができるのは「表現の自由」が根づいた社会に生きているからともいえる。極端なことをいえば、「表現の自由は制限すべきだ」という議論が、実は「表現の自由」のなかで行われているということも忘れてはならない。

　自分と異なる存在を認め、意見の多様性を認め、そのうえで議論を重ねてより良い道筋を探っていくことは、長い歴史のなかで人類が考え出した「平和で包摂的な社会を促進」する手続きでもある。国際社会を取り巻く諸問題を解決する主役が市民であるとするならば、私たちは声をあげることの価値と責任を改めて理解する必要がある。

ディスカッション・ポイント

本章をふまえて考えてみましょう。

① 「世界民主主義指数」や「報道の自由度ランキング」で低い
　評価を受けている国ではどのようなことが起きているか調べ
　てみましょう。

② インターネットや SNS 上に偽の情報や人の悪口を書き込む
　のは「表現の自由」に含まれるでしょうか？　理由も併せて
　考えてみましょう。

③ 近年、「フェイクニュース」と呼ばれる虚偽情報が世界的な
　問題となっています。社会が「フェイクニュース」に対抗す
　るにはどのような仕組みを作る必要があるでしょうか？

④ 国際社会が「表現の自由」を尊重できるようになるために、
　皆さん自身ができることには何があるでしょうか？

読書案内

著者	ナイジェル・ウォーバートン 著、森村進・森村たまき 訳	出版年	2015	出版社	岩波書店
タイトル	『「表現の自由」入門』				

▸ 「表現の自由」の価値と限界についての基本的な知識を身につけたい方におすすめ。宗教の風刺、ヘイトスピーチ、ポルノグラフィーといった「表現の自由」をめぐる論争も紹介されている。

著者	ミル 著、斉藤悦則 訳	出版年	2012	出版社	光文社古典新訳文庫
タイトル	『自由論』				

▸ 「なぜ自由が大切なのか」という根源的な問いについて書かれた古典。訳書は複数あるのでここでは新しいものを紹介する。「自由」の考え方だけでなく「自由な考え方をもつ」意義も語られている。

著者	アンソニー・ルイス 著、池田年穂・籾岡宏成 訳	出版年	2012	出版社	慶應義塾大学出版会
タイトル	『敵対する思想の自由——アメリカ最高裁判事と修正第一条の物語』				

▸ アメリカにおける「表現の自由」の法理が、裁判官によってどのように形作られていったかを描いた伝記。タイトルからもわかるように、「表現の自由」の根底にある考え方を再認識することができる。

著者	小寺敦之 編	出版年	2018	出版社	春風社
タイトル	『世界のメディア——グローバル時代における多様性』				

▸ アメリカや中国だけでなく、中東・東南アジア・南米のメディアについても解説。国のあり方と報道の関係性・多様性の一端を知ることができる。

第11章

SDGs 時代におけるシティズンシップ

冨樫あゆみ

本章のキーワード

シティズンシップ　グローバル・シティズンシップ
熟議民主主義

本章のテーマに関連する主要な SDGs 目標

貧困を なくそう	飢餓を ゼロに	すべての人に 健康と福祉を	質の高い教育を みんなに	ジェンダー平等を 実現しよう	安全な水とトイレ を世界中に
エネルギーを みんなに そしてクリーンに	働きがいも 経済成長も	産業と技術革新の 基盤を作ろう	人や国の不平等 をなくそう	住み続けられる まちづくりを	つくる責任 つかう責任
気候変動に 具体的な対策を	海の豊かさを 守ろう	陸の豊かさも 守ろう	平和と公正さを すべての人に	パートナーシップで 目標を達成しよう	

第 11 章　SDGs 時代におけるシティズンシップ　225

1. 総説

　シティズンシップは「市民性」や「市民権」、「市民意識」など様々な訳で語られながらも、日本語として定まった訳語は存在しない。これは、シティズン、すなわち「市民」に対する議論が、日本ではなく主に西洋政治思想史において展開してきたことに由来する。一方で、今日「シティズンシップ教育」をはじめ日本社会のあらゆる場面において、「シティズンシップ」という言葉が登場する。シティズンシップとは何だろうか。

　実は、シティズンシップは私たちの社会を私たちが作りあげていくうえで必要不可欠な概念である。SDGs では、目標 4 ターゲット 7 として持続可能な社会を作っていく必要な知識や技術を身につけるために、グローバル市民としての意識（グローバル・シティズンシップ）を理解することが必要であると宣言されている。また、SDGs が明記された「我々の世界を変革する：持続可能な開発のための 2030 アジェンダ」においても同様にグローバル・シティズンシップの重要性がうたわれている。重要なことは、シティズンシップが SDGs にある 17 の目標と 169 のターゲット全体を包括するものであり、かつ目標達成のために私たち市民一人ひとりに求められている姿勢であることを理解することである。

　本章では、まず 18 世紀に登場したとされる近代シティズンシップを整理した後に、その問題点について考える。次に、シティズンシップの「能動的」側面に着目し、今日においてどのように理解されているのについて述べる。最後に本章の表題ともなっている SDGs 時代におけるシティズンシップである、グローバル・シティズンシップについて考察を進めていく。

2. シティズンシップとは何か：
国家・地域社会におけるシティズンシップ

シティズンシップ（市民権、市民的権利）の中核を成す「市民」とは何かについての議論は、古代ギリシャ時代にまでさかのぼる。人類は遠くアリストテレスの時代から「市民」、そして「市民」の役割について論じてきた。今日論じられているシティズンシップは、18世紀に近代国民国家が成立する過程で登場した概念をめぐる議論が中心となっているが、どう理解できるのであろうか。はじめに基本概念について整理したい。本節では、18世紀に登場した近代的シティズンシップの三要素について触れた後に、これへの批判をふまえながら、今日シティズンシップはどのように理解されるのかについて見ていくこととする。

(1) 近代的シティズンシップの三要素

シティズンシップは市民権、市民的権利と翻訳されるように、伝統的には市民が享受すべき権利とその法的地位から理解されてきた。T・H・マーシャルは1950年に発表した論文において、シティズンシップを市民的権利、政治的権利、社会的権利の三つの要素から整理した。これは近代的シティズンシップと呼ばれている。最も古いのは市民的要素であり、その形成は18世紀までさかのぼる。市民的権利とは人身の自由や言論、思想、信条の自由といった個人の自由に関連する権利を意味する。市民的権利には働く権利や経済活動の自由も含まれ、個人が「恣意的な強制力によることなく、平等に自らの自由な活動を追求する権利」として存在する。したがって、裁判を受ける権利も市民的権利に含まれる。このように、近代的シティズンシップ論においては、国家に帰属する市民が自由で平等な権利を享受することが強調される。

【図表 11-1】近代的シティズンシップの形態

種類	成立時期	権利の内容
市民的権利	18世紀	人身の自由、言論、思想の自由など、個人の自由に関連する権利。
政治的権利	19世紀	参政権、選挙権など、政治的権力を行使する権利
社会的権利	20世紀	社会福祉、教育システムなど、文明市民として生活を送る権利

T・H・マーシャル / トム・ボットモア著、岩崎信彦 / 中村健吾訳（1993）『シティズンシップと社会的階級』法律文化社、第2章をもとに筆者作成。

　その後 19 世紀に入り、議会制度の登場とともに、選挙権をはじめとする政治権力を行使する権利が政治的権利として拡大した。政治的権利には普通選挙権や被選挙権が含まれ、議会制度の発展とともに市民が政治的な平等を実現するための権利として発達した。最後に、社会的権利は、20 世紀、社会保障を国家の役割と捉える福祉国家が登場する過程において登場した。つまりマーシャルの議論では、資本主義経済の発展によって市民へ生じた不平等を解消するものとして社会的権利が存在する。この社会的権利は社会福祉や教育の側面から理解され、経済的福祉や社会的財産を完全に分かちあう権利、文明市民としての生活を送る権利が含まれる。

(2) シティズンシップをどう理解するか
　一方で、権利付与の側面から理解するこのような近代的シティズンシップ論に対して、今日までに様々な検討が加えられてきた。本章では、以下の二つに着目しながら、シティズンシップへの理解を深めたい。

　①国家への帰属という閉鎖性
　第一に、シティズンシップが内包する国家への帰属意識について

である。前節で整理したシティズンシップ論はシティズンシップを、国家による市民への権利付与として理解する。諸権利は国家から保証されるため、ここでは市民は国家と法的な地位で結びつけられる。したがって権利の側面から理解する立場からは、シティズンシップが付与される前提条件として、国家への帰属、つまり国民であることが求められる。

　このような国家への帰属を前提としてシティズンシップを理解する考え方に対してはこれまで批判的な検討が加えられてきた。ここで国家とは、19世紀にヨーロッパを中心として広まった、国民が国家に対して共通の帰属意識を共有する国民国家を意味する。マーシャルは、国民国家と市民は「共有財産である文明への忠誠心に基づいて、共同社会の成員であると直接に感じる感覚」によって統合されていると述べる（マーシャル、1993; 52）。

　しかし、いうまでもなく現代社会は19世紀よりも多様化している。シティズンシップを国民国家への帰属意識を前提とした場合、「国民ではない者」への排除を意味し閉鎖的な性格を帯びる。社会学者のロジャース・ブルーベイカーは著書『フランスとドイツの国籍とネーション』（2005）において、シティズンシップの閉鎖性について強調しつつ、権利から理解するマーシャルのシティズンシップ論を実質的なシティズンシップであると述べた。一方で、ブルーベイカーは、シティズンシップを「いかなる場合に国民となるのか」という国民資格から論じる形式的シティズンシップが重要であると主張した。移民、難民をはじめこれまでの社会が多様化している現代社会においては、国民国家を前提とした理解を超え、包摂性をもったシティズンシップ論が求められている。

　また、グローバリゼーションが深化した今日においては国民国家という概念は過去の産物となったという指摘から、もはやシティズンシップを国籍との関連性から論じるべきではないという指摘もある。

社会学者のジェラード・デランティは、グローバル化が進んだ今日においては「シティズンシップと国籍との結びつきは破棄された」とまで述べている（ディランディ、2004; 40）。この批判は主にコスモポリタン・シティズンシップへの理解から主張されているが、これについては次章で改めて触れたい。

　②　シティズンシップにおける「市民参加」
　第二に、シティズンシップにおける「市民参加」の側面である。マーシャルのシティズンシップ論が提示する市民、政治、社会的の三要素は、市民が有する諸権利からの理解である。そこでは市民は受動的な立場となり、市民からの参加の視点は含まれていない。それに対して近年では、シティズンシップは生来「行動を伴う側面」が強調されるべきだという主張が展開されている。デランティは著書『グローバル時代のシティズンシップ——新しい社会理論の地平』(2004)において、市民が権利を獲得する過程は「歴史的闘争」であったと述べる。つまり、シティズンシップにおける市民的諸権利は、自然の産物ではなく市民が権利を得るために行動した結果であるといえよう。たしかに、権利として理解するのであれば、市民的権利は権利獲得を求めた市民による運動の結実であったという歴史的経緯を無視することはできない。
　シティズンシップは潜在的に「市民による参加」を前提としているというという理解を深めるために、韓国における民主化運動について触れたい。

韓国における民主化運動：政治の変革と市民の参加
　戦後、長年にわたって独裁政権が続いた韓国ではマーシャルがいうところのシティズンシップにおける市民的、政治的そして社会的権利が抑圧されていた。韓国における民主主義、そして市民的政治的自由を求める市民による運動の歴史は 1950 年代までさかのぼる。当時、

韓国において制度としての普通選挙制及び選挙による代議会制は存在していたものの、1948 年に韓国初代大統領に就任したイ・スンマン大統領の下においては形骸化していた。1954 年イ・スンマン大統領は憲法で 2 期 8 年と規定された大統領任期を自らには適用しないとする憲法改正案を強引に可決した（「四捨五入改憲」）。強引な憲法改正に加えて、イ・スンマン政権下では代理投票、監視投票や投票箱のすり替えといった選挙介入が続いた。民主主義制度における選挙とは、自らの政治的意思を表す制度であり、これは自らが属する社会のあり方を自らで決定するという政治的自由でもあり民主主義制度の根幹をなすものである。このような政治的権利が否定される状況にあって、市民は自らの市民的権利や政治的権利を求め大規模な不正選挙反対運動を展開し、このような運動は最終的にイ・スンマン大統領が下野した 4.19 革命へと続いた。

　続く 1970 年代にはパク・チョンヒによる維新体制が布かれ、大統領直接選挙制度の廃止、言論統制や報道規制、政治批判の禁止が敷かれ、市民的及び政治的権利が大きく制限された。また、パク・チョンヒ政権下において国家としての経済成長を重視する開発独裁政策によって経済成長を続けた結果、労働者の権利を求める声が高まっていた。特に労働集約的な軽工業中心の輸出依存型産業であった韓国において、女性労働者の環境待遇改善を求める運動が展開された。

　1980 年軍事クーデターにより政権を奪取し大統領に就任したチョン・ドファンは、民主化を求める市民を軍隊が制圧する光州事件を引き起こし、数多くの市民が犠牲になった。チョン・ドファン政権では、政権維持のために徹底した言論統制が布かれた。政府が言論機関を掌握することを目的として行われた「言論統廃合」政策によって、政府に批判的な言論は厳しく取り締まられることとなった。表現の自由、政治的権利が抑圧された 1980 年代において、公正な社会の実現を目指す民主化運動は持続的に展開された。

1987年4月13日、チョン・ドファン大統領が大統領直接選挙制への憲法改正を否定した「護憲措置」の結果、民主化運動は国民運動として急激に加速した。6月、それまで民主化運動の中心的役割を果たしていた大学生に加え一般市民を含む200万人が運動に参加し、市民的政治的権利を求める運動は全国的に大規模で展開されるようになった。一般市民も参加し、展開された民主化を求める闘争は「6月民主抗争」といわれ、その結果6月29日、ノ・テウ大統領候補によって民主化宣言が発表された。民主化宣言において、維新体制のもとで廃止された大統領直接選挙制の復活、政治活動の自由、基本的人権の尊重、言論の自由が認められ、韓国は民主化を遂げるとともに、これまで侵害されてきた市民的、政治的権利が保障されるようになった。民主化後に改正され公布施行された大韓民国憲法第10条には基本的人権の保障、幸福追求権、国家による基本的人権への不可侵が明記された。1993年の大統領選挙では、直接選挙によってキム・ヨンサムが選出され32年ぶりに文民大統領が誕生した。

　このように韓国では、市民としての権利を獲得するために市民が主体的に行動してきた。実際、英国の経済専門週刊誌『エコノミスト』が毎年発表する「民主主義指数」において、韓国は2020年に「完全な民主主義」に分類され、そのなかでも特に「政治参加」指数は7.22と世界でも高い水準となっている。韓国の事例は、シティズンシップが市民による行動なくしては語ることができないものであることを端的に示しているといえよう。

(3) シティズンシップを「実践する」

　これまで見てきたように、近年では「行動を伴う側面」に着目したシティズンシップ論が展開されている。シティズンシップを市民による社会参加から意義づけようとする考え方は、市民社会を国家や市場ではなくコミュニティから理解するコミュニタリアニズム（共同体主

義）の立場といえる。コミュニタリアニズムにおいては、市民による
社会への参加と同時に、自らがコミュニティに所属しているというア
イデンティティが重要となる。また、オードリー・オスラーとヒュー・
スターキーは、シティズンシップを地位、感覚、そして実践の3要素
から理解する。「地位」とは、「市民」としての法的な地位を意味し、「感
覚」とは市民として「コミュニティへの帰属」意識を、「実践」とは「人
権の所有者」として他者と連帯して能動的に行動することを意味する。
オスラーとスターキーは、著書『シティズンシップと教育——変容す
る世界と市民性』（2009）において、特に3要素のうち「実践」を強
調し、シティズンシップを権利の付与に加え実践する能力の両面から
理解する。

　シティズンシップを権利付与の側面だけでなく、自発的な行動から
理解する流れは、特に近年のシティズンシップ教育において反映され
ている。日本におけるシティズンシップ教育では、市民が社会の一員
として権利と義務の両者を行使することによって、社会へ積極的かつ
能動的に関わることが目指されている。

　このように、国民国家への帰属意識と国家による権利付与から理解
されてきたシティズンシップは、近年では所属する社会へ能動的、主
体的に関わっていくという行動や実践の側面からの理解が加えられて
いる。

(4) 新たな民主主義の考え方

　1990年代以降、新たな民主主義として熟慮民主主義（deliberative
democracy）の可能性が学界を中心に議論されてきた。熟慮民主主義
が属する政治理論の系譜や、どのように実践されるべきなのかについ
ては議論が分かれるところであるが、本章ではシティズンシップが発
揮される場として参加型民主主義のあり方として着目する。

　熟慮民主主義とは「数の大小」で意思が決定される集計型民主主義

（aggregative democracy）の対義語であり、自由で平等な市民がお互いに議論を重ねることで、意見や選好を変化させていく過程を経て物事を決定し、もしくは物事に対する市民の意見を公にするという民主主義のあり方である。反対に、集計型民主主義においては人々の選好は所与のものであり、選挙などを通じて行われる集計の結果によって物事が決定される。したがって、集計型民主主義は結果が判然であるため明確な決定が導きだされやすく、一般的に合意に達しにくいと思われる問題ですらも解決することができるという長所がある一方で、多数決原理を採用し集計結果を重視するために、ある選好は軽視もしくは拒否されてしまうことがある。対照的に熟慮民主主義は話しあいを重ねるという意思決定過程を重視するため、選好の理由を重視する。熟慮民主主義においては、市民が選好の理由を提示し、それをもとにお互いが熟慮を重ねることによって選好が変容し、合意形成へと向かっていく。したがって、シティズンシップとの関係では、熟慮民主主義が市民に対して熟慮の場への参加を求めていることに注目したい。

　実際に熟慮民主主義においては、そのあり方を実践しようとする試みがなされている。討論型世論調査（Deliberative Poll: DP）は、熟慮民主主義を社会で実践しようという試みである。討論型世論調査では、無作為に抽出された平等な市民が討論フォーラムに参加し、熟慮の過程を経て、ある問題に対する世論を導き出すことを目的として実施され、その結果は政策決定過程や国民間での議論へと反映される。DP は、新たな民主主義のあり方として世界各国で実践されている。日本においても慶應義塾大学 DP 研究センターが中心となり、討論型世論調査が実際に行われている。

　たとえば 2012 年 8 月に「エネルギー・環境の選択肢に関する討論型世論調査」が実施された。それに先駆け、2012 年 6 月政府による「エネルギー・環境会議」において、東日本大震災と福島第一原子力発電

所の事故を経験した日本が、将来にわたってどのようなエネルギーを選択すべきかについての問題提起がなされた。それを受けて、国民がエネルギー選択についてどのような意見をもっているのか調査したのが、この討論型世論調査である。この調査は 2012 年 8 月 4 日と 5 日の二日間で実施された。実際に無作為に抽出された 20 歳以上の男女286 人が討論フォーラムに参加し、ときには専門家へ質問をしながら、専門家が作成した資料をもとに参加者同士が議論を重ね、アンケート調査によってその結果が公開された。DP 研究センターのホームページによると、この討論型世論調査の結果は政府が策定した「革新的エネルギー・環境戦略」において参考にされた。

　このように熟慮民主主義においては市民の参加が前提となっているため、シティズンシップにおける参加の側面が重要となってくる。熟慮民主主義の実践についての検討は発展段階にあるが、市民が主体的に社会のあり方へ関与するというシティズンシップを発揮する場としての注目する必要があるだろう。

3. SDGs 時代に求められるシティズンシップとは：グローバル・シティズンシップ

　このように、これまで権利として理解されてきたシティズンシップは、今日においては市民による社会への参加の側面が強調されるようになった。地域社会やコミュニティでの「市民意識」を市民が共有することで、自らが属する社会のあり方を「当事者（わたくしごと）」として決定する、いわばローカル（地域）なレベルでのシティズンシップの発揮が求められるようになった。一方で、人、情報、社会が世界規模でつながるグローバル時代といわれる 21 世紀の現代において、持続可能な社会の発展を維持するためには、これまでのローカルなレベルに加えグローバル・シティズンシップも併せて必要となる。

（1）グローバル・シティズンシップへの理解

　グローバル・シティズンシップは、シティズンシップが内包する帰属意識を多元的に捉えようとする。これまでシティズンシップ論では、市民の帰属意識が国家や地域社会を前提とする地理的政治的な限定性をもって語られてきた一方、グローバル・シティズンシップにおいては国や地域を超えた「地球規模」での市民意識が求められている。

　グローバル・シティズンシップが求められている背景としては、深刻化する「グローバル（global= 地球規模）・イシュー」がある。SDGs が取り組むべき課題として挙げている目標は、国際社会が取り組むべきグローバル・イシューでもある。人、情報、社会が世界規模でつながり共有される今日において、それらを解決するため求められているものが地球への帰属意識を前提とするグローバル・シティズンシップである。

　実はグローバル・シティズンシップに先立ち、1990 年代以降グローバリゼーションが深化する過程において「コスモポリタン・シティズンシップ」の可能性が唱えられていた。この「コスモ（cosmo= 地球）ポリタン（polis= 市民）・シティズンシップ」は、政治学的には国民国家への対抗もしくは国民国家の衰退を前提とした「地球市民意識」である。この考え方は、グローバリゼーションが活発化し、人やモノが国家を超えた相互依存状態になった今日において、シティズンシップを国民国家から理解することを否定する。また、コスモポリタン・シティズンシップのなかには、市民が共有するアイデンティティを人権といった「人間主義的」な「人類共通の価値」に基づく「世界コミュニティ」へ求めようとする動きもある。つまり、コスモポリタン・シティズンシップは、国家を超えたシティズンシップを意味するといえよう。

　一方で、グローバル・シティズンシップは必ずしもローカルなシ

ティズンシップを否定するものではない。国民国家を乗り越える存在としてコスモポリタン・シティズンシップがあるのならば、グローバル・シティズンシップは国や地域社会レベルとグローバルレベルの両方を包摂する概念であるといえる。グローバル・イシューの解決を考えるときに、地域社会との関連を切り離して考えることは難しい。たとえば、目標 12 ターゲット 5 では廃棄物の排出量の大幅な削減を求めているが、それを実現するためにまずは私たち一人ひとりが地域社会において実践することが求められよう。このように持続可能な社会を達成すべき SDGs 時代において、シティズンシップは多層化している。今日私たちは国や地域といったローカルなシティズンシップと、地球レベルでのグローバルなシティズンシップの両方が求められている。そして、グローバル・シティズンシップを考えるうえで最も重要なことは、権利の要素はもちろん、同時に市民による主体的な参加が重要視されているということである。今ある問題をグローバルな視点から考え、私たち一人ひとりが地域社会においても実践していくことが求められているといえよう。

(2) 国際理解教育としてのグローバル・シティズンシップ

　近年、教育分野においてグローバル・シティズンシップが着目されている。2012 年、パン・ギムン国連事務総長は「グローバル・エデュケーション・ファースト・イニシアティブ（Global Education First Initiative：GEFI）」を発表し、最も優先すべき教育課題としてグローバル・シティズンシップの養成が掲げられた。続く 2015 年、国際連合教育科学文化機関（The United Nations Educational, Scientific and Cultural Organization: UNESCO）が主導し、世界 130 ヵ国以上の政府や NGO 団体が参加した「世界教育フォーラム 2015」が開催され、インチョン宣言が採択された。インチョン宣言では 2030 年までに世界が取り組むべき教育目標としてグローバル・シティズンシップ教育

（Global Citizenship Education: GCED）の重要性が確認された。ここでは、GCED を通して私たちがローカル及びグローバルな課題に取り組み解決するための能力や価値観を育てていくことが宣言された。この宣言を受けて、SDGs には「2030 年までに、持続可能な開発のための教育及び持続可能なライフスタイル、人権、男女の平等、平和及び非暴力的文化の推進、グローバル・シティズンシップ、文化多様性と文化の持続可能な開発への貢献の理解の教育を通して、すべての学習者が、持続可能な開発を促進するために必要な知識及び技能を習得できるようにする」（目標 4 ターゲット 4.7）ことが盛り込まれた。

　このように近年 SDGs の視点からグローバル・シティズンシップを養成する必要性が喫緊の課題であることが国際社会において共有されるようになってきたといえよう。このような国際的な要請を背景に、UNESCO は GCED をめぐる様々なプログラムを提供している。文部科学省のホームページでは GCED の目的を、教育を通じて「世界がより平和的、包括的で安全な、持続可能なもの」になるために「必要な知識、スキル、価値、態度を育成」することとし、その目標を学習者が「国際的な諸問題に向きあい、その解決に向けて地域レベル及び国際レベルで積極的な役割を担うようにすることで、平和的で、寛容な、包括的、安全で持続可能な世界の構築に率先して貢献するようになること」としている。UNESCO の主導のもと、グローバル・シティズンシップの涵養を目的とする「グローバル・シティズンシップ」教育は、高校では探究の時間に取り入れられたり、大学で専門のコースが新設されるなど、日本のあらゆるレベルの教育機関において実践されている。

4. おわりに

　本章では、今日私たちが求められるシティズンシップについて①近

代的シティズンシップへの理解、②シティズンシップの「能動的」側面、そして③グローバル・シティズンシップから見てきた。近代国民国家成立の過程において、国家に対する帰属意識と「市民であること」という法的地位から導き出された権利としての側面を超え、今日においてはシティズンシップを能動的に発揮し、実践するという理解へと広がっている。「SDGs 時代」のシティズンシップについて最も重要なことは、私たち一人ひとりが能動的に社会に関わるということである。そして、今や私たちが発揮すべきシティズンシップは地域社会に留まらない。

「Think Locally, Act Locally（地域社会を考え、地域社会で行動する）」に加えて、「Think Globally, Act Locally（世界規模で考え、地域社会で行動する）」、そして「Think Locally, Act Globally（地域社会を考え、地球規模で行動する）」。地域社会はもちろん、地球規模で物事を捉え、行動し実践する。私たちが直面している諸問題を解決するために主体的に取り組んでいくことこそが SDGs 時代に求められているシティズンシップであるといえよう。

引用・参考文献

ジェラード・デランティ著、佐藤康行訳（2004）『グローバル時代のシティズンシップ──新しい社会理論』日本経済評論社

ディスカッション・ポイント

本章をふまえて考えてみましょう。

① シティズンシップを「実践する」とはどういうことでしょうか。具体例を考えてみましょう。

② 本章では、市民が行動によってシティズンシップを獲得してきた韓国の事例を紹介しています。日本では、市民がどのようにシティズンシップを獲得してきたのでしょうか。調べてみましょう。

③ 私たちがグローバル・シティズンシップを実践するうえで、どのような課題があるでしょうか。考えられる具体例を話しあってみましょう。

④ 「持続可能な社会」を作りあげていくために、私たち一人ひとりが主体的に行動するために必要なことは何か、考えてみましょう。

読書案内

著者	T・H・マーシャル、トム・ボットモア 著、岩崎信彦、中村健吾 訳	出版年	1993	出版社	法律文化社
タイトル	『シティズンシップと社会的階級』				

▸ 近代的シティズンシップを論じたT・H・マーシャルの論文とそれに対するボットモアの論考が収録されている。本章におけるマーシャルの議論は本書をもとに整理している。シティズンシップ論を理解するための古典的入門書。

著者	岡野八代 著	出版年	2009	出版社	白澤社
タイトル	『シティズンシップの政治学　増補版　国民・国家主義批判』				

▸ 本書は、シティズンシップ論を総合的に整理した好著。

著者	山本圭 著	出版年	2021	出版社	中公新書
タイトル	『現代民主主義 指導者論から熟議、ポピュリズムまで』				

▸ 民主主義は、本章では直接的に触れないが、シティズンシップを有効に実践するために必要な政治体制である。本書は、これまでに展開されてきた民主主義をめぐる議論をふまえ、今日における民主主義のあり方を論じた好著である。

第12章
国連における SDGs の発祥からみる人類の進歩

河野 毅

本章のキーワード

政治と開発　国際連合　経済・社会・環境の 3 側面　国家間交渉

本章のテーマに関連する主要な SDGs 目標

貧困を なくそう	飢餓を ゼロに	すべての人に 健康と福祉を	質の高い教育を みんなに	ジェンダー平等を 実現しよう	安全な水とトイレ を世界中に
エネルギーを みんなに そしてクリーンに	働きがいも 経済成長も	産業と技術革新の 基盤を作ろう	人や国の不平等 をなくそう	住み続けられる まちづくりを	つくる責任 つかう責任
気候変動に 具体的な対策を	海の豊かさを 守ろう	陸の豊かさも 守ろう	平和と公正さを すべての人に	パートナーシップで 目標を達成しよう	

1. 総説

　1950 ～ 60 年代、アメリカで農業振興が奨励され農薬が際限なく使われている状況を危惧した女性生物学者がいた。1964 年に 56 歳で若くして乳がんで亡くなったレイチェル・カーソンだ。亡くなる 2 年前にカーソン氏は、農薬の危険性について警鐘を鳴らしたその著書『沈黙の春』(pp. 26-27) で、こう訴えている：

　　どんなおそろしいことになるのか、危険に目覚めている人の数は本当に少ない。そしていまは専門分化の時代だ。みんな自分の狭い専門の枠ばかりに首をつっこんで、全体がどうなるのか気がつかない。いやわざと考えようとしない人もいる。またいまは産業の時代だ。とにかく金をもうけることが、神聖な不文律になっている。(中略) 私たち自身のことだという意識に目覚めて、みんなが主導権をにぎらなければならない。いまのままでいいのか、このまま先へ進んでいっていいのか。だが、正確な判断を下すには、事実を十分知らなければならない。

　カーソンの訴えは、アメリカの農業振興政策が経済利益を追求するあまり自然環境と人間社会が農薬で毒される状況は長続きしない（持続可能ではない）、だから農薬が環境と社会に与える害を消費者が正確に知ることが大切だ、ということだった。カーソン氏が、今から 60 年以上前に、経済・社会・環境という三つの分野を想定して社会を見つめていたことは、「全体がどうなるのか気がつかない」という警鐘の言葉からわかるだろう。
　経済・社会・環境という三つの分野がバランスを欠く開発の危険性は、2015 年 9 月に国際連合総会で採択された「我々の世界を変革する：

持続可能な開発のための 2030 アジェンダ」でも繰り返し説明されている。その本文では、以下のように主張している。

> これらの目標及びターゲットは、統合され不可分のものであり、持続可能な開発の三側面、すなわち経済、社会及び環境の三側面を調和させるものである（前文）。

> 我々は、持続可能な開発を、経済、社会及び環境というその三つの側面において、バランスがとれ統合された形で達成することにコミットしている（宣言 導入部 2）。

> このアジェンダは前例のない範囲と重要性を持つものである。(中略）これらは、統合され不可分のものであり、持続可能な開発の三側面をバランスするものである（宣言 導入部 5）。

この 3 側面のバランスがとれた開発こそが持続可能であることは、日本の教育方針にも反映されている。2017 年 3 月に告示された幼稚園教育指導要領、小・中学校学習指導要領、ならびに翌年に公示された高等学校学習指導要領の前文には、以下の記述がある（引用は「小学校学習指導要領」より）。

> これからの学校には、（中略）一人一人の児童が、自分のよさや可能性を認識するとともに、あらゆる他者を価値のある存在として尊重し、多様な人々と協働しながら様々な社会的変化を乗り越え、豊かな人生を切り拓き、持続可能な社会の創り手となることができるようにすることが求められる。

この学習指導要領は、個々人の可能性を伸ばすことはもとより、そ

の個人は他者や社会とつながっている存在であるから「持続可能な社会の創り手」であると強調する。現在、この学習指導要領に沿って、たとえば小学校では「社会」「理科」「算数」「国語」「校外学習」「総合的な学習の時間」などの各教科が相互に連結するカリキュラムを組み、持続可能な開発目標（以下、SDGs）の示す方向に教育が実施されている。

　本章では、この今では当たり前と聞こえる「持続可能」な開発や社会の目標が、2015 年の SDGs 採択まで様々な国際社会の幸不幸両方を伴う経験を経て作られたことを説明する。それは、人類が歩んできた進歩の努力と、その進歩とともに派生してきた副産物として自らの生活環境を破壊してしまう公害の使用と輸出、気候変動などに直面し、その対応として新しい進歩の考え方として持続可能な開発を目指す努力が国家という単位を超えて国際社会が取り組むまでにやっと至った成果なのである。ただ同時に心に留めておきたいのは、SDGs にたどり着いたという成果はいわばやっと人類がスタートラインに立ったことを示すにすぎず、これからの一人ひとりの努力で結果が吉と出るか凶と出るか決まるということである。

2. 1960 年代までの日本における経済成長と公害問題

　第二次世界大戦の終結から世界は戦争からの復興と発展のために、経済回復を優先課題として掲げて、投資と生産に力を注いだ。日本も例外ではなく、戦後復興と高度成長は政府の優先課題であり、農業生産性を向上し、産業を発展させるために、重化学工業を中心とした成長を目指した政策がとられた。

　「経済審議会活動の総括的評価と新しい体制での経済政策運営への期待」（2000 年 12 月）によると、国内総支出（民間消費・投資、政

府支出、輸出の総額）の成長の割合は1951年から60年までの間、各年度9%も上昇し、1961から65年では9.1%の上昇、1966年から1970年では10.9%と増加している。この約20年間で、民間住宅支出は毎年16%増加し、民間企業設備支出も19.5%も増加しており、住宅と企業の生産ブームが起こったことがわかる。そして、農業などの第一次産業の就業者数は1950年には人口の50.7%だったのが、1970年には12.7%と減少したが、その一方、製造業などの第二次産業就業者数は22.1%から35.2%へ増加、サービス業などの第三次産業は26.6%から47.3%へ増加し、農業人口が都市に流入したことで日本の都市化が急速に進んだことがわかる。

　公害の苦情の受付件数も急上昇した。総務省のデータ「平成10年度公害苦情調査結果報告書」によると、統計を取り始めた1966年には「典型七大公害」といわれる騒音、振動、悪臭、大気汚染、水質汚濁、土壌汚染、地盤沈下への苦情総数は1万9,517件であったが、1972年に7万9,727件とピークに達し、その後1980年まで6万件を超える高いレベルで苦情は続いた。そのうち1番件数が多く全体の約4割を占めていたのが大気汚染で、次いで悪臭、騒音である。参考までに記すと、2019年の典型七大公害苦情受付件数は4万6,555件であるが主に廃棄物投棄（典型七大公害以外）への苦情件数は2万3,903件と多く、2006年以来増加に転じた。戦後急速に建てられた住宅や工場の建て替えから生じる廃棄物や、大型家電製品などの処理が不法になされている様子がわかる。

　日本の公害との戦いとその教訓は、水俣病、新潟水俣病、イタイイタイ病、四日市ぜんそくに代表されるいわゆる四大公害を例に日本中の学校で学習されている。四大公害は、重化学工業から排出された産業公害であるが、そのうち三つは水質汚濁、一つは大気汚染が原因で、その地域の自然、人体、家族、社会、そして経済をも破壊した。この四大公害すべての被害者グループは、1960年代中盤には刑事責任を

求めて企業側を提訴し、1970年代前半には勝訴判決が出た。

　熊本県と新潟県の人々を苦しめた水銀汚染は、世界各地でも問題となっていた。大変遅れた対策であったが国際社会は、2001年に国連環境計画（United Nations Environment Programme: UNEP）が主導し水銀による汚染の防止に乗り出し、2017年には水銀の管理を法的に規制し公害の再発防止を目的とする国際条約「水銀に関する水俣条約」を発効させている。

3. 1970年代における先進国での環境意識の高まり

　前記のように、経済成長優先の政策の結果、環境汚染が進んだ先進国では、環境保護と経済発展のバランスをとる必要があるとして、国家権力を使って環境を保護する組織が設立された。カーソンの出身国アメリカ合衆国では、ニクソン大統領のもと環境保護庁（Environmental Protection Agency: EPA）が1970年12月に発足した。それは1960年代に放置されてきた環境汚染に対する市民の不安と怒りを反映した政権の回答であり、事実、同1970年には環境保護を訴える世界的な市民運動アースデーがアメリカなど先進国を中心に開催され、地球環境の保護を訴えた。日本では、翌年に環境庁が発足した。現在は環境省と2001年に格上げされているが、1971年当時は厚生省、通商産業省などに分散されていた公害対策行政を一つにまとめる目的で、佐藤栄作政権で設置された。米国のEPAと同じく、国家による環境保護を推進するための行政組織である。

　1960年代のヨーロッパでも経済優先の政策に疑問を呈する動きが見られた。たとえば1963年には、ライン川の汚染を制限するベルン協定（Berne Accord）が同川を共有するフランス、ドイツ、ルクセンブルク、オランダ、スイスにより署名された。また、スウェーデン政府は、市民の環境意識の高まりを反映して、国連ではじめてとなる環

境保護を目的とする総会決議第 2398 号「人間環境の課題」を 1968 年に提出し、国連総会は環境保護決議を採択した。この決議を受けてスウェーデン政府は、1972 年のストックホルム国連人間環境会議を主催し、この会議で前記の UNEP が設立された（本部はケニアのナイロビ）。同じく 1972 年には民間のシンクタンクで地球環境について発信するローマ・クラブが『成長の限界』と題する報告書を公開し、地球規模で起こる環境悪化への警鐘を鳴らした。

　この頃から、工業化に伴う汚染物排出が地球環境の悪化と人体への悪影響をもたらすことについての科学的研究が相次いで発表され、たとえば 1974 年にはフロンガスの一種で冷却剤や洗浄剤に使われたクロロフルオロカーボン（CFC）が地球のオゾン層を破壊していることが発表された。1985 年のオゾン層保護のためのウィーン条約と、その直後に採択されたモントリオール議定書により、CFC の使用が禁止されることとなる。さらに、気候科学者など科学者たちは、二酸化炭素の排出が地球温暖化の原因であるとしてその対策には世界各国政府による一斉行動が必要であると訴え始めた。2021 年のノーベル物理学賞を受賞した真鍋淑郎もこのうちの一人である。

　公害対策を動機として環境保護を目的とする国家機関の設立は、先進国に留まらない。たとえば、韓国では 1973 年に保健社会省のなかに汚染対策局が設置され、1980 年には環境庁が発足し、1994 年に環境省に格上げとなった。そしてインドネシアでは、1978 年に開発・環境保護省が設置され、1983 年には住居・環境省に改組され、1993 年に環境省として再改組、2014 年には林業省と統合し環境林業省となっている。

4. 1980 年代における途上国での環境意識の高まり

1980 年代は、国際社会が環境の危機を共有して、行動に移した 10

年となった。その背景には、途上国の参加により世界的に貿易額が増大するなか、途上国でも工業化が進み環境悪化が表面化したことに加えて、途上国で作られた製品や農作物のなかには先進国で禁止された化合物などが使用されている場合も考えられ、これらの問題に対応するために世界的な環境保護と農薬などの化合物製造と使用のルールづくりが始まったことがある。

　たとえば、1983年末の国連総会の決議を受けて1984年に設置された「環境と開発に関する世界委員会」（通称ブルントラント委員会）では、先進国も途上国も同じように環境と開発の両立の課題に責任を負うという立場を明確にした。この委員会が1987年に発表した『我々の共通の未来（*Our Common Future*）』のなかで、持続可能な開発の意味を「将来の世代の欲求を満たしつつ、現在の世代の欲求も満足させる開発」と定義して、先進国も途上国も、経済優先ではなく環境とのバランスをとった持続可能な開発を進める必要性を訴えた。

　このように先進国、途上国いずれにおいても環境意識が高まっていくなか、1984年12月、世界を震撼させた公害事件が発生した。インドのマディヤ・プラデシュ州ボパール市で操業していた米国系化学会社ユニオン・カーバイド社の工場から農薬の成分イソシアン酸メチルが大量流出し、周辺住民数千名が死亡、さらに後遺症で数万人が苦しむという惨事であった。この事件を機に、途上国でも環境破壊をもたらす企業の社会的責任を問う運動が活発化していった。

　1988年には、国連の専門機関である世界気象機関とUNEPが、気候変動に関する政府間パネル（Intergovernmental Panel on Climate Change: IPCC）を設置した。その発足以来IPCCは地球温暖化に関する科学的な根拠に基づく研究報告を発表しており、その報告書は毎年開催される気候変動に関する国連気候変動枠組条約（United Nations Framework Convention on Climate Change: UNFCCC）締約国会議での議論と政策決定の根拠となっている。たとえば、IPCCの最新の報告書

は第6回報告として2021年8月に発表され、イギリスのグラスゴーで10～11月に開催されたCOP26の議論と政策決定の根拠文書となった。

5. 1990-2000年代における世界協調のはじまり

世界の科学者、市民、そして各国政府の環境と開発の意識の高まりは1992年にブラジルのリオ・デ・ジャネイロで開催された国連環境開発会議（地球サミット）につながった。地球サミットでは、21世紀に向け「持続可能な開発」を実現するために各国政府と国連はじめ国際機関が行動するべき計画「アジェンダ21」を採択した。この計画は、国際的に合意された開発目標の設定、実行、達成を約束し、後述する2000年9月に採択された国連ミレニアム宣言と国際開発目標（Millenium Development Goals: MDGs）の根拠となった。

1992年には、「有害廃棄物の国境を越える移動及びその処分の規制に関するバーゼル条約」が発効された。この国際条約は、有害廃棄物（ゴミ）の途上国への遺棄問題への対策として作られた。その他、地球環境汚染の大きな原因となっていた有機化合物の世界的な規制対策として、「残留性有機汚染物質に関するストックホルム条約」が2004年に発効された。この条約は、残留性有機汚染物質（英名 Persistent Organic Pollutants）の頭文字をとり POPs 条約とも知られる。POPs 条約で危険物質として指定されているもので日本でも過去に幅広く使用されたが現在は禁止されているのは、農薬のアルドリン、ディルドリン、DDT など、冒頭で紹介したカーソンの『沈黙の春』でも危険物質としてその恐ろしさが指摘された物質である。汚染のグローバル化対策のもう一つの条約としては、2004年に発効された「ロッテルダム条約」がある。正式名称は長く「国際貿易の対象となる特定の有害な化学物質及び駆除剤についての事前のかつ情報に基づく同意の手続

に関するロッテルダム条約」であるが、その目的は、先進国で禁止または制限された有害な化学物質が途上国に制限なく輸出され使用されることを防ぐために、輸入国の事前同意が必要であることを定めた条約である。

6. SDGs 採択までの経緯

前記 5 節で言及した MDGs は、2000 年 9 月に国連総会で採択された。MDGs には 2015 年までの 15 年間に達成するべき八つの目標があり、それぞれの目標の下にはさらに具体性をもたせたターゲットが示された（次ページ【図表 12-1】）。目標の達成というとその基準となる数値が重要になるが、八つの目標の多くは 1990 年当時の数値を基準年としていた。たとえば、目標 1 の「極度の貧困と飢餓の撲滅」では 1990 年を基準に一日 1.25US ドル未満で生活する人口を半減させ、飢餓に苦しむ人口の割合も半減させる目標を掲げたが、これらの目標は 2015 年には達成された。この目標達成の理由には、巨大な貧困層を抱えていた中国とインドの経済発展があるが、それと同時にサブサハラ・アフリカ地域の貧困の減少はあまり見られなかったという地域差が残る結果となり、さらに、発展したインドや中国でも国内の格差（沿岸部と内陸部、社会階層、性別、民族間の差など）を原因とする貧困問題が依然として残ったという課題も見えてきた。このような課題は、MDGs という国連メンバー国が一緒に開発に取り組んだ結果明らかになったものであり、その意味では、世界が同じ開発目標に合意し、その目標達成に向けていっせいに動き出した MDGs という道具の政策的枠組は、世界が一緒に社会的弱者に目を向け、持続可能性を確保した成長のための目標を提示した史上初のグローバルな取り組みと評価できる。

【図表 12-1】ミレニアム開発目標（MDGs）とターゲット

目標1	極度の貧困と飢餓の撲滅	**1.A** 1990 年から 2015 年までに、1 日 1 ドル未満で生活する人々の割合を半減させる。
		1.B 女性や若者を含め、完全かつ生産的な雇用とすべての人々のディーセント・ワーク（働きがいのある人間らしい仕事）を達成する。
		1.C 1990 年から 2015 年までに、飢餓に苦しむ人々の割合を半減させる。
目標2	普遍的な初等教育の達成	**2.A** 2015 年までに、すべての子どもたちが、男女の区別なく、初等教育の全課程を修了できるようにする。
目標3	ジェンダーの平等と女性の地位向上	**3.A** できれば 2005 年までに初等・中等教育において、2015 年までにすべての教育レベルで、男女格差を解消する。
目標4	幼児死亡率の引き下げ	**4.A** 1990 年から 2015 年までに、5 歳未満の幼児の死亡率を 3 分の 2 引き下げる。
目標5	妊産婦の健康状態の改善	**5.A** 1990 年から 2015 年までに、妊産婦の死亡率を4分の 3 引き下げる。
		5.B 2015 年までに、リプロダクティブ・ヘルス（性と生殖に関する健康）の完全普及を達成する。
目標6	HIV/ エイズ、マラリア、その他の疾病の蔓延防止	**6.A** 2015 年までに、HIV ／エイズのまん延を阻止し、その後、減少させる。
		6.B 2010 年までに、必要とするすべての人々は誰もが HIV/ エイズの治療を受けられるようにする。
		6.C 2015 年までに、マラリアその他の主要な疾病の発生を阻止し、その後、発生率を下げる。

目標7	環境の持続可能性の確保	**7.A** 持続可能な開発の原則を各国の政策やプログラムに反映させ、環境資源の喪失を阻止し、回復を図る。
		7.B 生物多様性の損失を抑え、2010年までに、損失率の大幅な引き下げを達成する。
		7.C 2015年までに、安全な飲料水と基礎的な衛生施設を持続可能な形で利用できない人々の割合を半減させる。
		7.D 2020年までに、最低1億人のスラム居住者の生活を大幅に改善する。
目標8	開発のためのグローバル・パートナーシップの構築	**8.A** 開放的で、ルールに基づいた、予測可能でかつ差別のない貿易および金融システムのさらなる構築を推進する。
		8.B 後発開発途上国の特別なニーズに取り組む
		8.C 内陸開発途上国および小島嶼開発途上国の特別なニーズに取り組む。
		8.D 開発途上国の債務に包括的に取り組む。
		8.E 製薬会社との協力により、開発途上国で必須医薬品を安価に提供する。
		8.F 民間セクターとの協力により、情報通信技術をはじめとする先端技術の恩恵を広める。

出典：外務省

　2012年6月、MDGsの成果を受けて世界は次の目標設定に動き出した。1992年に開催された「地球サミット」から20年の機会を捉えて、同じブラジルのリオデジャネイロで「国連持続可能な開発会議」（通称「リオ＋20」）が開催された。リオ＋20会議では、持続可能な開発には（1）経済成長、（2）環境の持続可能性、（3）社会開発の三つの側面は切り離せないことであると確認され、パン・ギムン国連事

務総長は、「21世紀の開発モデル」の必要性を訴えた。リオ＋20会議の大きな成果は、MDGsの経験をふまえ、国連メンバー国の政府間で目標を交渉して決めることに合意したことだった。この方法が選ばれた結果、専門家集団間で目標を設定したMDGsのように、一部の専門家集団が目標を押しつけるのではなく、各国政府が持続可能性を自らの課題として認識していくことが可能となった。現在実施中のSDGsに至る政府間交渉プロセスが、このとき始まったのである。

　ただ、政府間交渉プロセスには難しい課題があった。第二次世界大戦後に国家が作った国連の運命ともいえる「国家主導の決定プロセス」では、一国のお家事情であるその国の政治体制に、他国は踏み込みにくいというものだ。たとえば、そのお家事情が報道の自由の有無など政治的なものになると、時の権力者や政権の根幹を揺るがすことになりかねない。そのため、主権国家は自国を他国の干渉から守るために、「内政不干渉の原則」と呼ばれるルールに則った国際秩序を作った。確かに、国連の憲法である国連憲章第2条7項にも、国連のいかなる規定もメンバー国の内政に干渉しない旨明記されている。唯一の例外は、安全保障理事会の決定に基づく干渉である。

　この内政不干渉の原則をめぐる議論は、MDGsにはなかった政治分野の目標（SDGs目標16）合意にいたる交渉で浮かび上がった。ここで注意したいのは、世界がSDGsまでにたどり着いた持続可能な開発の3側面、すなわち経済、社会及び環境の3側面には政治分野についての直接的な言及はない。しかし、以下に説明するように目標16は、実際には国連メンバー国が賛否両論を繰り広げた闘いの産物であった（【図表12-2】）。

【図表 12-2】SDGs 目標 16 ターゲット

16.1	あらゆる場所において、すべての形態の暴力及び暴力に関連する死亡率を大幅に減少させる。
16.2	子どもに対する虐待、搾取、取引及びあらゆる形態の暴力及び拷問を撲滅する。
16.3	国家及び国際的なレベルでの法の支配を促進し、すべての人々に司法への平等なアクセスを提供する。
16.4	2030 年までに、違法な資金及び武器の取引を大幅に減少させ、奪われた財産の回復及び返還を強化し、あらゆる形態の組織犯罪を根絶する。
16.5	あらゆる形態の汚職や贈賄を大幅に減少させる。
16.6	あらゆるレベルにおいて、有効で説明責任のある透明性の高い公共機関を発展させる。
16.7	あらゆるレベルにおいて、対応的、包摂的、参加型及び代表的な意思決定を確保する。
16.8	グローバル・ガバナンス機関への開発途上国の参加を拡大・強化する。
16.9	2030 年までに、すべての人々に出生登録を含む法的な身分証明を提供する。
16.10	国内法規及び国際協定に従い、情報への公共アクセスを確保し、基本的自由を保障する。
実施手段	
16.a	特に開発途上国において、暴力の防止とテロリズム・犯罪の撲滅に関するあらゆるレベルでの能力構築のため、国際協力などを通じて関連国家機関を強化する。
16.b	持続可能な開発のための非差別的な法規及び政策を推進し、実施する。

出典：外務省

　政府間交渉プロセスの実務を担ったのは、各国政府の官僚が議論する作業部会だった。一方、その作業部会と同時並行で進んだのは、「持続可能な開発に関するハイレベル政治フォーラム（High-level Political

Forum: HLPF)」の活動だった。HLPF は、国連総会が設置した場で、メンバー国の首脳レベルが集まり4年ごとに開かれる。その役割は SDGs 推進のために政治的リーダーシップを発揮することと、SDGs の進展具合を議論して評価することであった。その HLPF の第1回会議の成果は 2013 年 11 月に国連総会で発表されたが、その成果文書の 21 段落目ではすでに、SDGs アジェンダは「平和と安全、民主的なガバナンス、法の支配、ジェンダーの平等、すべての人の人権を促進するものでなければならない」と高らかに宣言し、作業部会に対して政治分野を含んだ SDGs を作るように提言していた。ただ、この文言は、1992 年に国連総会で採択された「アジェンダ 21」の 138 段落で、持続可能な開発の「制度的枠組み」としてすでに明記されていた内容であったが、MDGs には目標としては入らなかった。

　一方作業部会での交渉プロセスは、2014 年に入り、この政治分野の扱いをめぐって紛糾した。目標 16 は内政不干渉の原則に反するという意見と、目標 16 に示される民主的ガバナンスや報道の自由は持続可能な開発には不可欠であるという意見の対立だった。民主主義と人権擁護を外交の全面に打ち出す欧米諸国は独立した目標 16 の設置を主張した。日本は、3月5日の発言でさらに踏み込み、平和と非暴力社会の建設を一つの独立した目標にし、民主的ガバナンスと法の支配をもう一つの目標にするべきであると主張した。これに続いて、東ティモールとサントメ・プリンシペは4月4日の発言で、包括的で持続可能な開発の実現には政治の説明責任や平和で安定した社会が不可欠であり、民主的ガバナンスは持続可能な開発には必要であると強く主張し、政治と開発の関係を直接結びつけ、目標 16 の設置を支持した。

　これに対し、中国・インドネシア・カザフスタンは、政治分野は独立した目標にするべきではなく、その理由は、SDGs は国連の三本柱である世界の平和と安定の維持、人権の擁護、経済社会開発のうちの経済社会開発に該当するもので、目標 16 は SDGs に入れるべきでは

ない、と 3 月 31 日の発言で反対した。さらにインドは、その反対理由として、開発こそが平和の前提であるためまずは開発を進めるべきだ、と 4 月 4 日に反対の主張をした。ロシアは、交渉の終盤の 6 月 19 日の発言で、政治分野の目標は「持続可能な開発の三側面、すなわち経済、社会および環境の三側面」に追加して四つ目の側面を加えることになり、開発の努力を政治化し、援助に条件をつけ、支援に国際関係を持ち込むことになり、それはまさに内政干渉に他ならないと強く主張し、目標 16 に真っ向から反対した。

　民主的で説明責任のある政治制度が開発より先に構築されるべきか、それとも開発が民主政治より優先されるべきかという議論は、両方が必要であるというのが国際的な経験であるから、インドの主張は論点をぼかすための議論であろう。その一方、ロシアが直接的に主張した内政不干渉の原則の維持は、国連発足以来大きな課題として国際政治につねに突きつけられている課題である。たとえば、他国で深刻な人権蹂躙が起こっているときに国際社会は何ができるか、という課題である。例として、自国軍が自国民を殺害するという 2021 年 2 月のクーデター後のミャンマーの状況に対して、日本は沈黙するべきだろうか、それとも、何らかの働きかけをするべきだろうか。そして、その働きかけは何を含むべきだろうか。

　さらに、この問題は外交問題だけに留まらず個人生活に直接関係することを指摘しておかなければならない。たとえば、目標 16.10 が主張するように、情報の公共アクセスを確保して基本的自由を保障する社会は、冒頭に引用したカーソンが訴えた消費者（市民）が「正確な判断を下すには、事実を十分に知らなければならない」社会である。もし仮に、危険農薬の使用を一般に公開しない社会に住むと、自分が食するものの危険性を知らないで生きる危うい社会で生きることとなる。まさにその危うさが水俣病の事件を招いたのであり、水俣裁判で問われたのは目標 16.6 で掲げる「有効で説明責任のある透明性の高

い公共機関」の正しい役割であった。もし、ある国で情報の公共アクセスが不在で説明責任のない政府が存在したら、その国に対して他国は何らかの働きかけをするべきではないだろうか。

　結局、国家間の交渉と妥協の結果、作業部会プロセスは 2014 年 7 月に終了し、政治分野は独立した目標 16 として受け入れられ、最終的に 17 の目標数は確定した。MDGs とはまったく様相が異なる政治分野の目標 16 を含めた SDGs が誕生したのである。その後、各目標下のターゲットの数値目標をめぐる交渉があり、2015 年 8 月 2 日に政府間交渉プロセスは終了し、9 月の国連総会で SDGs を含む「我々の世界を変革する：持続可能な開発のための 2030 アジェンダ」が全会一致で採択された。

7.　おわりに

　本章では、1962 年からすでに経済優先の開発に警鐘を鳴らしたカーソンの願いから、その後、世界が経済、社会及び環境の 3 側面を同時に重視し、切り離せないものと理解し、持続可能な開発という考え方に至る歴史的な経緯を説明した。そしてこのほんの 60 数年の歴史で、人類は消費と生産を格段に拡大し、貿易を活発化させ、とても豊かになった。一方で、この豊さと同時に、人体に悪影響を与える化合物、汚染物質、廃棄物の処理の問題も発生した。そして徐々にかつ確実に進む地球温暖化との闘いも始まったばかりである。

　最後に 2 点だけ指摘しておきたい。第一に、持続可能という考え方が世界の共有認識となった経緯には、たとえば日本での四大公害のように、公害によって現在も苦しんでいる多くの被害者が全世界に多数いることを忘れてはならない。第二に、持続可能な世界を作る努力は、マラソンの何倍もの距離を走る長丁場の闘いであるということだ。SDGs は 2030 年に終了するため、2025 年頃から SDGs の次に来るポ

スト SDGs の議論が始まるだろう。そこでは、MDGs の評価を通じて
わかったように、SDGs で不足していた部分を補完する議論になるは
ずだ。読者には、長距離走者の視点から、何が不足しているかを考え
ながら SDGs を推進してほしいと願う。

引用・参考文献

"History of ME," Ministry of Environment 〈https://eng.me.go.kr/eng/web/index.
do?menuId=471#y1980〉

Kementerian Lingkungan Hidup dan Kehutanan 〈https://www.menlhk.go.id/site/
post/101〉

"Rio+20: UN Conference on Sustainable Development kicks off with call to action,"
UN News 〈https://news.un.org/en/story/2012/06/413702〉

ディスカッション・ポイント

本章をふまえて考えてみましょう。

① SDGs の採択までは国と国の間の交渉がありましたが、その背景には多くの人たちの声が反映される必要がありました。SDGs の次に来る 2030-2045 年のゴール（ポスト SDGs）では、あなたはどの目標を入れたいですか。そしてどのような方法で、自分の欲しい目標を入れたいですか。

② 人類社会の成長の度合いを示す基準は経済成長の指標（国内総生産など）が多く使われますが、他にはどのような基準があるか考えてみましょう。目標 16 にうたわれる政治的な目標はどのように利用できるでしょうか。

③ カーソンの願いは、一人ひとりが正しい知識を身につけて責任ある判断ができる人になることです。皆さんはどんな分野に興味をもって知識を身につけたいと思いますか。

読書案内

著者	レイチェル・カーソン 著、青樹築一 訳	出版年	1974	出版社	新潮文庫
タイトル	『沈黙の春』（Rachel Carson. 1962. *Silent Spring*. New York: Houghton Mifflin Co.）				

▶1962年に出版され、現在でも世界中で幅広く読まれる必携書。カーソンが56歳で乳がんで亡くなる2年前に出版されたこの著作では、当時急拡大した農薬の濫用が人体と自然に与える悪影響を厳しく指摘し、人間社会と環境と経済を包括的に理解する姿勢を訴えた。

著者	南博、稲場雅紀 著	出版年	2020	出版社	岩波新書
タイトル	『SDGs ——危機の時代の羅針盤』				

▶外交現場の最先端の南（日本政府のSDGs交渉官）とSDGs実践現場の最先端の経験をもつ稲場（NGO代表）が示す、まさに現場をふまえたSDGsの入門書。各ゴールのつながりの理解を図式で具体的に示し、そのつながりを行動に移す実践を呼びかけている。

第 2 版　あとがき

桜井愛子・平体由美

　本書の企画にあたっては、今さら、なぜ、SDGs なのか、との疑問もよせられた。そして今、SDGs はさらに大きなチャレンジに直面している。しかし、こうして 12 の異なる社会科学の視点から SDGs にアプローチすることで、SDGs に掲げられる目標の重要性が、日本に暮らす私たちの目の前の課題がどのように世界や地球とつながっているのかが明らかにされ、社会を起点とした経済や地球環境とのつながり、普段当たり前に考えてきたことの裏にある社会の抱える課題や矛盾への気づきを得るための手がかりを提示できたのではないかと思う。

　本書は、21 世紀生まれの若者たちを想定読者としている。その 21 世紀といえば、2001 年のアメリカ同時多発テロ、2011 年の東日本大震災と福島第一原子力発電所事故、2020 年に始まった新型コロナ感染症による世界的パンデミックに続く、ウクライナとロシアの戦争やイスラエルとハマスとの軍事衝突など、これまでの当たり前がくつがえされる出来事が立て続けに起こり、先の見えない不透明な状況、社会学者のウルリッヒ・ベックのいう「世界リスク社会」にある。その一方で、デジタル化が進み、ソーシャルメディアなどのデジタルメディアを通じて世界の様々な情報に自由にアクセスできるようになり、私たちと世界との距離は縮まった。手元のスマートフォンが世界とつながっていることが当たり前の時代になった。これまでの「当たり前」から、新しい「当たり前」への移行期に私たちは生きている。

カッコいいから、地球のためになるから、遠く離れた世界に暮らす
かわいそうな人たちのために必要だから、と SDGs に関心をもつきっ
かけは様々あっていい。これからの課題は、その SDGs への関心をど
うサステイナブルにしていくかである。戦争や軍事増強は化石燃料を
極めて大量に消費し、気候変動を加速化させるともいわれる。今こそ、
人類と地球の繁栄のための SDGs の価値を再確認する時である。現代
の日本における SDGs の動きのなかには、見せかけの取り組みにすぎ
ない「SDGs ウォッシュ」も存在する。それらを退けながら、未来に
向けた新たな取り組みの流れを見極め、そこに参加し行動していくこ
とが重要である。SDGs を構造的に理解することによって、これまで
の社会の「当たり前」に代わる新しい価値観や考え、試みを検討する
重要性を考えてみていただければ幸いである。
　なお、本書に掲載されているデータなどは執筆時点のものである。
テーマの多くが時事問題であるため、数字や情報は常にアップデート
が必要になることを追記しておきたい。
　最後に、本書は入学式での会話をきっかけにあれやこれやという間
に実現した企画である。各専門のお立場から初学者向けにわかりやす
い原稿をという要望に快く応えてくださり、改訂版のための原稿の締
め切りを遵守いただいた執筆者の皆さんに心から感謝申しあげたい。
また、この企画を引き受けてくださった小鳥遊書房様、原稿を細部に
わたって検討し共に本書を作りあげてくださった編集者林田こずえ様
に御礼申し上げる。

キーワード集

キーワード	解説
ESD	持続可能な開発のための教育、地球規模の課題を自分事として捉え、その解決に向けて自ら行動を起こす力を身につけるための教育。
インターセクショナリティ	様々な不利が重なりあうことにより、それぞれが相互に関連しあい、物事の結果や人々の経験に影響を及ぼすことを示す概念。
外国にルーツをもつ児童生徒	両親またはその一方が外国出身である児童や生徒を指す。外国籍、日本国籍、重国籍、無国籍の場合がある。「外国につながる子ども」とも。
格差	国際社会の構成国、社会の成員など、本来であれば同等、同格であるはずの主体の間に生じてしまう差、違い、不平等。
グローバル・ヘルス・ガバナンス	人の健康に関するグローバルな課題に、政府だけでなく国際機関、企業、研究所、NPOなどの諸アクターが連携して対応すること。
グローバル・シティズンシップ	SDGs目標を達成するために私たちが養わなければいけない市民意識。地域社会と地球規模の両方から、社会における諸問題に主体的かつ能動的に関わろうとする市民意識を意味する。
経済・社会・環境の3側面	経済・社会・環境の三つの側面のバランスがとれた発展が必要という考え方。特に、経済偏重の発展の弊害である環境破壊から学んだ結果出てきた考え方。
経済のグローバル化	ヒト・モノ・カネ・サービスが国境を越えて自由に取引されること。
顧みられない熱帯病	低・中所得国に多く見られる風土病のことで、当事国も先進国も対応してこなかった。21世紀に入ってから国際的な取り組みが始まった。
公衆衛生	共同体の健康増進と疾病予防のために行われる集合的な対応。疾病調査、健康教育、疫学研究などを含み、保健機関がそれを統括的に運用する。

国家間交渉	国際連合は国家が構成している国際組織なので、国家間の交渉の結果がその決議となる。国家間交渉で国家は自国の利益を守り増進するが、その過程で他国の利益と衝突することもある。
国際連合	世界の平和と安定の維持、人権擁護、経済社会開発の推進を三つの目的として 1945 年 10 月 24 日に設立された国際組織。
サーキュラー・エコノミー	循環型経済という意味である。資源の循環的利用や適正な処分を実施することによって、廃棄物の発生を極限まで抑制し、さらに、天然資源の消費を抑制し環境負荷ができる限り低減されるような経済のこと。
災害リスク削減	自然災害に対して事前に備えることにより、災害発生時の被害を最小化する試み。
サステイナブルコーヒー	SDGs の目標に配慮し、生産者と消費者の対等な関係を継続的に築くことで実現される高品質のコーヒー。
サプライチェーン	供給網という意味であり、製品の原料の採取・製造・物流・最終消費といった、生産から消費までの全行程のことを指す。多国籍企業による世界的な供給網の広がりをグローバル・サプライチェーンという。
ジェンダー	文化的・社会的性差。社会が規定した「男らしさ／女らしさ」の人為的なカテゴリーを、後天的な学習によって取得するもの。
シティズンシップ	伝統的には市民が有する諸権利のことを示す。今日では、権利に加えて主体的かつ能動的に社会へ参画することを意味する。
ジャーナリズム	定期刊行物 (journal) に由来する言葉で、人々に伝えるべき出来事やその背景を取材を通じて明らかにし、それらをメディアを通じて公表する行為を指す。その行為者は「ジャーナリスト」と呼ばれる。
社会的排除	個人または集団が、地域における人間関係や、福祉制度、労働市場等の社会から排除されている状態や、そのプロセスのこと。

就学保障	子どもが義務教育を受ける権利を保障すること。
熟議民主主義	自由で平等な市民がお互いに議論を重ね、自らの意見や選好を変化させていく過程を重視する民主主義のあり方。
人権デューデリジェンス	企業が海外に進出する際に現地労働者の人権を事前に適正評価することで、現地労働者の人権に元請けの巨大企業が責任を負うこと。
政治と開発	SDGs に目標 16 が入ったことで、政治分野の向上は持続可能な開発に必要であると世界が確認したことを指す。
脆弱性	脆弱とは、もろくて、弱い状態にあること。災害発生前の事前の防災対策・準備により、社会の脆弱性を下げることによって災害リスクを削減できると考えられている。
脆弱層	一般には、経済的、社会的に脆弱な状況のなかで暮らす人々。社会開発の観点からは、乳幼児、若年女子、妊産婦、高齢者がこれにあたる。
性別役割分業	ジェンダーによって異なる役割（特に労働役割）が一律に、固定的に、不均等に配分されること。近代社会では、男性に経済責任、女性にケア責任（家事・育児・介護）が一律に配分される形での性別役割分業が一般化した。
セックス	生物学的性差。性染色体や内性器・外性器、性腺のように生物学的に決定されるものであり、後天的学習で身につくものではない。
多文化共生	文化的背景の異なる人々が互いの違いを認めあい、平等な関係を保ちながら地域社会でともに生きていくこと。
男性稼ぎ主モデル	夫である男性が主な経済責任を負い、妻である女性が家庭内のケア労働を一手に引き受けるという性別役割分業の形を前提として、社会の仕組みが成り立っていること。
ディーセント・ワーク	働きがいをもって仕事に従事できる環境が整備され、より豊かな生活が実現できるような仕事。

日本語教育	主に日本語を母語としない人たちに対して、外国語または生活言語として日本語を指導すること。
バリュー・チェーン	バリュー（付加価値）のチェーン（連鎖）という意味である。一連の生産活動を、個々の生産工程のあつまりではなく、それぞれの段階で付加された価値の連鎖として捉える考え方のこと。
表現の自由	個人の思想、意見、感情などを、規制されたり、検閲されたりすることなく、自由に表現・発表できる権利。「報道の自由」もここに含まれる。日本国憲法では第21条で保障されている。
貧困削減	貧困ライン（現在は1日一人1.9USドル）以下の所得で生活する人口を減らすこと。貧困撲滅、貧困緩和といった言い方もされる。
貧困線	貧困の基準値のこと。基準値は国や地域によって異なるが、その基準を下回ることが、その社会における水準と比較して、大多数よりも貧しい状態にあることを意味する。
プロジェクト型学習	実社会に存在する複雑な問題や解決すべき問いを学生自ら発見し、テーマを設定し、チームで解決法を探究する学習方法のことである。リテラシーやコンピテンシーを高めることを目指す教育現場で取り入れられている。
報道の自由	メディアを開設して、あるいはメディアを通じて、広く人々に出来事や自らの意見を伝えることができる権利。主として、報道に携わる者に対する権利と理解されており、その範囲や制限は社会によって異なる。
母子衛生	周産期の女性と子どもの健康を守るために行われる栄養・衛生・体調管理とそのための教育のこと。日本では主に保健所と医療機関が対応する。
民主主義	英語ではデモクラシー（democracy）。市民が主導して、その権力を市民が行使する政治体制を指す。選挙制度もそのシステムの一部。神権政治や独裁政治はその対極に位置する。

無償労働	賃金が支払われない労働のこと。家庭内で行われる家事・育児・介護といったケアのための労働はその典型である。近代型の性別役割分業は、無償労働を女性というジェンダーに一律に割り当てる形をとった。
より良い復興	被災地を災害前の状態に戻すだけでなく、環境への配慮や次の災害被害を軽減する対策を含む持続可能な地域づくりを進め、社会のレジリエンスを向上していこうとすること。
災害レジリエンス	回復力、弾性（しなやかさ）のこと。時間をかけて人間が自然災害の被害から乗り越えていく力を高めることを「災害を乗り越える力（回復力）」すなわち災害レジリエンスという。

執筆者一覧

※執筆順
※所属・役職／専門分野／主要著書・論文等

足立恭則（あだち・たかのり）―――第1章
東洋英和女学院大学国際社会学部准教授／日本語教育・グローバル人材育成教育
／「留学準備における日本事情教育の重要性を検討するための基礎調査」『グローバル人材育成教育研究』第6巻第1号（2018年）、「語学留学の成果に関する意識調査：語学プラス α の語学留学の可能性を探る」『グローバル人材育成教育研究』第2巻第1号（2015年）、「大学学部課程における海外留学の教育的価値とカリキュラムにおける位置づけ」『人文・社会科学論文集』第28号（2011年）

野田 潤（のだ・めぐみ）　　―――第2章
東洋英和女学院大学人間科学部専任講師／家族社会学・ジェンダー論／「現代日本の家族：食にみる近年の家族問題」『ジェンダーとセクシュアリティで見る東アジア』（瀬地山角編著、勁草書房、2017年）、『社会学講義』（共著、ちくま新書、2016年）、「『子どものため』という語りから見た家族の個人化の検討：離婚相談の分析を通じて（1914～2007）」『家族社会学研究』第20巻第2号（2008年）

平体由美（ひらたい・ゆみ）―――第3章、コラム1、編著者
東洋英和女学院大学国際社会学部教授／アメリカ史・公衆衛生史／「公衆衛生の担い手：ロックフェラー財団国際保健部と農村部公衆衛生 1900-1932」『アメリカ研究』第56号（2022年）、「軍隊・植民地管理から広がる公衆衛生の知と技法：1920年代の統計整備と南部農村衛生」『アメリカ史研究』第43号（2020年）、『病が分断するアメリカ：公衆衛生と「自由」のジレンマ』（ちくま新書、2023年）

桜井愛子（さくらい・あいこ）――――第4章、第9章、編著者

東洋英和女学院大学国際社会学部教授兼東北大学災害科学国際研究所教授（クロスアポイント）／学校防災・国際教育協力／「大災害後の教育復興支援をめぐる国際協力：日本・アジアの災害被災地での対応」『防災をめぐる国際協力のあり方：グローバルスタンダードと現場の間で』（ミネルヴァ書房、2017年）、「仙台防災枠組と学校防災：国際協力を通じた世界からの学び合いを目指して」『季刊地理学』第73巻2号（2021年）

吉川健治（よしかわ・けんじ）――――第5章

東洋英和女学院大学国際社会学部教授／国際協力論・国際開発論／「社会開発と経済開発」「企業の社会的責任」山田満編『改訂版　新しい国際協力論』（明石書店、2018年）、編著『国際協力の行方：経済・開発・オルタナティブ』（春風社、2020年）

山本直子（やまもと・なおこ）――――第6章

東洋英和女学院大学国際社会学部専任講師／国際社会学・多文化社会論／「多文化共生が『禁止』するもの：ブラジル人集住地区のリアリティ」渡戸一郎ほか編著『社会的分断を越境する：他者と出会い直す想像力』（青丘社、2017年）、「外国人集住地区における日系ブラジル人第二世代の文化変容：『選択的文化変容』の観点から」塩原良和・稲津秀樹編著『変容する国際移住のリアリティー：「編入モード」の社会学』（ハーベスト社、2017年）

望月克哉（もちづき・かつや）―――第 7 章

東洋英和女学院大学国際社会学部教授／国際関係論・アフリカ地域研究／「対ナイジェリア援助：「人口大国」への協力の難しさ」『日本の国際協力　中東・アフリカ編：貧困と紛争にどう向き合うか』（ミネルヴァ書房、2021 年）、「ナイジェリア」『世界の主要産油国と日本の原油輸入』（油業報知新聞社、2021 年）、「〈動向〉対外関係　アフリカ」一般社団法人中国研究所編『中国年鑑 2021』（明石書店、2021 年）

高﨑春華（たかさき・はるか）―――第 8 章、第 9 章

東洋英和女学院大学国際社会学部准教授／国際経済論・EU 経済論／「EU の対外経済関係：EU 対外政策の展開と地中海諸国」『国際協力の行方：経済・開発・オルタナティブ』（春風社、2020 年）、「EU 地中海政策と欧州生産ネットワークの南への拡大：モロッコの事例を中心に」『日本 EU 学会年報』第 31 号（2011 年）

尾崎博美（おざき・ひろみ）―――第 9 章

東洋英和女学院大学人間科学部准教授／教育哲学・教育思想／「「教育目的」を「関係性」から問うことの意義：「ケアリング」論と進歩主義教育が示唆する 2 つの系譜の検討」『近代教育フォーラム』Vol.30（2021 年）、ジェーン・R・マーティン『学校は私たちの「良い生活」だった：アメリカ教育史の忘れもの』（共訳、慶應義塾大学出版会、2021 年）、『ワークで学ぶ教育学〔増補改訂版〕』（共著、ナカニシヤ出版、2020 年）

小寺敦之（こてら・あつし）──────第 10 章

東洋英和女学院大学国際社会学部教授／情報行動論・メディア論／『世界のメディ
ア──グローバル時代における多様性』（春風社、2018 年）、「メディアの効用認
識とモラールの関連性：メディアは「幸福な老い」に寄与するか」『社会情報学』
7 巻 3 号（2019 年）、「動画共有サイトの「利用と満足」：「YouTube」がテレビ等
の既存メディア利用に与える影響」『社会情報学研究』16 巻 1 号（2012 年）、「日
本における「インターネット依存」調査のメタ分析」『情報通信学会誌』31 巻 4
号（2014 年）

冨樫あゆみ（とがし・あゆみ）──────第 11 章

東洋英和女学院大学国際社会学部准教授／国際関係論・北東アジア地域研究／『日
韓安全保障協力の検証：冷戦以後の「脅威」をめぐる力学』（亜紀書房、2017 年）、
「慰安婦問題に関する官房長官談話の策定要因：外交的要因と政治外交理念（韓
国語）」『韓日関係の軌跡と歴史認識（韓国語）』（東北アジア歴史財団、2020 年）、
「韓国を見つめる視線：日本の若年層と新型コロナ 19 事態（韓国語）」『日本空間
（韓国語）』28 巻（2020 年）

河野 毅（こうの・たけし）──────第 12 章

東洋英和女学院大学国際社会学部教授／比較政治学・国際機構論／「インドネシ
アのイスラム過激派の現状と将来」『テロは政治をいかに変えたか：比較政治学
的考察』（早稲田大学出版会、2007 年）、「越境するテロの特徴とその展望：東南
アジアの事例から」アジア政経学会監修『現代アジア研究　越境』（慶應義塾大学
出版会、2008 年）、"The Japanese Civilian Participation in Maritime Security in Asia"
in *Southeast Asia and Rise of Chinese and Indian Naval Power*, ed. Sam Bateman, Joshua
Ho（Routledge, 2010）、「政治改革と法律扶助運動」鮎京正訓編集代表・島田弦編
著『アジアの法整備支援叢書　インドネシア』（旬報社、2020 年）

日比保史（ひび・やすし）―――コラム 2

甲南大学理学部応用物理学科卒業、デューク大学環境大学院修了。㈱野村総合研究所、国連開発計画（UNDP）を経て、一般社団法人コンサベーション・インターナショナル・ジャパン理事。「ガーナ：自然資本としての森林生態系と持続可能なカカオ生産」木田剛・竹内幸雄編著『安定を模索するアフリカ』（ミネルヴァ書房、2017 年）

José. 川島良彰（ホセ・かわしま・よしあき）―――コラム 3

静岡聖光学院高等学校を卒業後、中米エルサルバドル国立コーヒー研究所に留学。1981 年大手珈琲会社に就職し、ジャマイカ、ハワイ、インドネシアで農園開発に携わり、マダガスカル、レユニオン島で絶滅種の発見・保全に成功。2007 年退職し日本サステイナブルコーヒー協会設立。2008 年株式会社ミカフェート設立。

牧野美穂子（まきの・みほこ）―――コラム 5

東邦大学大学院理学研究科生物学専攻修士課程修了。1987 年東洋英和女学院中高部に着任。2019 年イマココラボ、カードゲーム「2030 SDGs」ファシリテーター資格取得。2019 年より総合探究委員会主任として、中学部の「総合的な学習の時間」及び高等部の「総合的な探究の時間」のプログラムの作成と実施を主導し、現在に至る。

第2版　社会科学からみる SDGs

2024 年 3 月 15 日　第 1 刷発行

【編著者】
桜井愛子・平体由美
©Aiko Sakurai, Yumi Hiratai, 2024, Printed in Japan

発行者：高梨 治

発行所：株式会社小鳥遊書房
〒 102-0071　東京都千代田区富士見 1-7-6-5F

電話 03 (6265) 4910（代表）/ FAX 03 (6265) 4902

https://www.tkns-shobou.co.jp

info@tkns-shobou.co.jp

装幀　鳴田小夜子（KOGUMA OFFICE）
印刷　モリモト印刷(株)
製本　株式会社村上製本所

ISBN978-4-80780-042-3　C0030